Psicologia, políticas
e movimentos sociais

Dados Internacionais de Catalogação na Publicação (CIP)
(Câmara Brasileira do Livro, SP, Brasil)

Psicologia, políticas e movimentos sociais /
   Domenico Uhng Hur, Fernando Lacerda Júnior
(organizadores). – Petrópolis, RJ : Vozes, 2016.

   Vários autores.
   Bibliografia
   ISBN 978-85-326-5283-6

   1. Movimentos sociais 2. Política social
3. Psicologia analítica I. Hur, Domenico Uhng.
II. Lacerda Júnior, Fernando.

16.04146   CDD-320.019

Índices para catálogo sistemático:
1. Política dos movimentos sociais
   320.019

Psicologia, políticas e movimentos sociais

Domenico Uhng Hur
Fernando Lacerda Júnior
(organizadores)

Petrópolis

© 2016, Editora Vozes Ltda.
Rua Frei Luís, 100
25689-900 Petrópolis, RJ
www.vozes.com.br
Brasil

Todos os direitos reservados. Nenhuma parte desta obra poderá ser reproduzida ou transmitida por qualquer forma e/ou quaisquer meios (eletrônico ou mecânico, incluindo fotocópia e gravação) ou arquivada em qualquer sistema ou banco de dados sem permissão escrita da editora.

Diretor editorial
Frei Antônio Moser

Editores
Aline dos Santos Carneiro
José Maria da Silva
Lídio Peretti
Marilac Loraine Oleniki

Secretário executivo
João Batista Kreuch

Editoração: Maria da Conceição B. de Sousa
Diagramação: Sheilandre Desenv. Gráfico
Capa: Thiago Alvarães
Ilustração de capa: © Marcelo Camargo | Agência Brasil

ISBN 978-85-326-5283-6

Editado conforme o novo acordo ortográfico.

Este livro foi composto e impresso pela Editora Vozes Ltda.

Sumário

Prefácio, 7
Elio Rodolfo Parisí

Apresentação – Psicologia Política e as "novas" lutas sociais, 11
Domenico Uhng Hur e Fernando Lacerda Júnior
Referências, 21

Parte I – Psicologia Política e movimentos sociais, 23
1 O modelo de análise da consciência política como contribuição para a Psicologia Política dos Movimentos Sociais, 25
Salvador A.M. Sandoval e Alessandro Soares da Silva
2 A dissipação da política no campo de estudos dos movimentos sociais, 58
Marco Aurélio Máximo Prado
3 Para além do comportamento agressivo – Luta guerrilheira e determinação estrutural-institucional da violência no discurso do Exército Popular Revolucionário (EPR) do México, 74
David Pavón-Cuéllar
4 Criminalização dos movimentos sociais do campo – Algumas reflexões a partir do MST, 93
Jáder Ferreira Leite, Magda Dimenstein e Verônica Morais Ximenes
5 As políticas da afetividade na Parada LGBT de Goiânia, 106
Domenico Uhng Hur, Thales Cavalcanti e Castro, Tanieli de Moraes Guimarães Silva, Gabriel Mendonça Silveira, Nayara Ruben Calaça di Menezes, Karina Oliveira Martins, Gervásio de Araújo Marques da Silva, Larissa Rodrigues Moreira, Douglas Alves Viana e Fernando Lacerda Jr.

Parte II – A psicologia e as diversas políticas, 125

6 A "lógica" terrorista e suas consequências, 127
   José Manuel Sabucedo e Mónica Alzate

7 Atuação do psicólogo no campo das políticas sociais: mudanças e permanências, 142
   Isabel Fernandes de Oliveira e Ilana Lemos de Paiva

8 Construções sobre "lesbianidades" na mídia televisiva: possibilidades de um discurso emancipatório?, 157
   Lenise Santana Borges

9 Espaço público, mídias alternativas e subjetividade – A transformação que vem das ruas, 173
   Marilia Aparecida Muylaert, Jéssica Enara Vian e Jonathan Ribeiro Brandão da Silva

Os autores e organizadores, 191

Índice, 199

Prefácio

Elio Rodolfo Parisí

Ter a grata tarefa de prefaciar um livro é uma possibilidade de entrar em contato com a produção de conhecimentos em um espaço particular. E esse contato se perfila em uma situação especial quando o livro reflete a produção de colegas que estão implicados em temas de grande valor social e político.

Por outro lado, prefaciar um livro sempre é uma tarefa incompleta, pois quem o escreve colocará sua perspectiva em alguns aspectos e provavelmente descuidará de outros. Por isso, é necessário contar com a misericórdia dos que nos demandam esta tarefa, para não frustrá-los pelos resultados alcançados. Provavelmente serão os leitores que terão uma perspectiva diferente com a obra aqui escrita.

Psicologia, políticas e movimentos sociais é uma obra coletiva que analisa uma forma decisiva de manifestação política: os movimentos sociais. Os movimentos sociais têm uma importância notável em sistemas políticos em que as diretrizes liberais da política concebem uma ordem que não considera todas as expressões e necessidades humanas.

Por um lado, o livro contém diferentes análises e aproximações a variadas expressões dos movimentos sociais e políticos. Por outro, o livro também manifesta uma maneira de estudar e aproximar-se dos objetos e sujeitos aqui descritos: a da Psicologia Política. Este último aspecto aumenta a satisfação de encontrar esta obra, porque põe em perspectiva o crescimento da psicologia política na América Latina, junto com a contribuição de um colega espanhol.

O livro manifesta e coloca em questão um momento histórico e político de começo de século. Tenta explicar, descrever e, dessa maneira, acompanhar esta forma particular que a população tem de ocupar a esfera pública e demandar direitos frente ao Estado.

O livro demonstra compromisso ético-político, e assim desmascara a suposta neutralidade da psicologia. Porque toda psicologia é política, mas a psicologia política reúne e evidencia, em sua concepção e em seu núcleo de análise, que não existem disciplinas assépticas. Por isso, a Psicologia Política incomoda e movimenta o campo da Psicologia: pois coloca em contexto e tensiona aquilo que é assumido por enfoques reducionistas que legitimam as ordens sociais.

A obra demonstra que as relações sociais estão atravessadas por ordens políticas e que a participação política em diferentes âmbitos buscará a emancipação dos poderes legitimados. Também evidencia que a Psicologia Política trabalhará para a emancipação ou ficará presa nos labirintos dos circuitos academicistas, que apenas contribuem para o edifício científico que situa a política e o político no psicológico e em termos cientificistas.

A obra em si não apenas esmiúça e denuncia, a partir de um olhar científico, um conjunto de situações que surgem de uma usina de injustiças sociais; mas também reafirma a necessidade de transformar a realidade para fazer do mundo um lugar com justiça. Assim, o livro não fica apenas na denúncia e na crítica. A obra contribui com novas bases conceituais e propostas de análises reunindo as contribuições de diferentes autores. Isto me leva a pensar que o livro terá transcendência. Os organizadores do livro e os autores que participam desta obra são professores e pesquisadores comprometidos com o fazer da Psicologia Política. Representam correntes de pensamento originais que dão sustentação a esta maneira de analisar certos recortes da realidade. Rompem, assim, os paradigmas simplistas da realidade e se submergem em observações complexas, para poder, assim, abordar situações de muita complexidade.

Não quero e nem devo entrar em mais detalhes sobre a obra: serão os próprios organizadores e autores que por meio de seus profícuos escritos darão conta dos temas estudados. Porém, não posso deixar de felicitar os organizadores pela obra aqui presente e pelos participantes da mesma, que são colegas pesquisadores que têm um importante caminho percorrido em pesquisa e docência em temas de Psicologia Política.

Apresentação

Psicologia política e as "novas" lutas sociais

Domenico Uhng Hur
Fernando Lacerda Júnior

Nos últimos anos, distintos segmentos da população, uma "multidão", tomaram as ruas para protestar contra a corrupção no governo, a precarização, e terceirização, do sistema público e salarial, o tremendo gasto do erário público no que se convencionou chamar de "Megaeventos", a mercantilização do transporte público e assegurar o básico direito à moradia. Neste contexto, discussões sobre as distintas formas de ação política, as novas modalidades de movimentos sociais, a precarização do trabalhador, a circulação pelo espaço urbano, a legitimidade das instituições estatais e partidárias e os gargalos das políticas sociais e econômicas atuais reapareceram.

Ao mesmo tempo assistiu-se à intensificação da violência estatal, concretizada no recrudescimento da ação policial e militar frente aos movimentos sociais e a expressão de manifestações com pautas conservadoras e até fascistas. Os aparatos repressivos do Estado agiram com práticas de violência massiva e prisões arbitrárias como forma de intimidação social. Imagens de trabalhadores da rede pública, como professores, e estudantes, espancados pela Polícia Militar por manifestarem suas reivindicações tornaram-se comuns. O aparato estatal, conjuntamente à mídia, também perpetrou a estratégia da criminalização da pobreza como forma de controle social, trazendo uma espécie de condensação entre "pacificação", "higienização" e "violência estatal", como, por exemplo, com as atuais UPPs, supostas Unidades de Polícia Pacificadora, que frequentemente "desaparecem" com inúmeros "Amarildos". Nesta situação, ficou explícito que a violência repressiva não é uma estratégia adotada apenas por uma velha direita branca, tradicional e oligárquica, mas empregada também por uma nova direita, amparada pelo "discurso competente" (CHAUÍ, 2001) e por um perfil tecnopolítico (HUR, 2013). Uma nova oligarquia que é constituída por ex-burocratas sindicais e encabeçada por uma presidenta, que em período eleitoral defendia uma plataforma política comprometida com as minorias sociais, mas que, em busca de manter uma pseudo-hegemonia de 12 anos, aliou-se aos grupos dominantes sociais mais retrógrados do país e não poupou esforços para tentar quebrar, controlar e cooptar movimentos sociais independentes. Consideramos que neste caso vale a máxima de R. Michels (1982), sobre a oligarquização das minorias dirigentes dos partidos políticos e sindicatos, na qual estes passam a se identificar e agir tal como os grupos dominantes, ao invés de manter uma ação coerente com os grupos sociais que representam.

As manifestações sociais de 2015, que clamaram pelo *impeachment* da Presidenta Dilma Rousseff também foram um fenômeno digno de análise. Dezenas de milhares de pessoas de diferentes capitais do país ocuparam as ruas reivindicando pela interrupção do mandato da presidenta, mas sem dados concretos de uma suposta improbidade administrativa que subsidiasse tal ato. Uma insatisfação enorme com o Governo Federal e o Partido dos Trabalhadores tornou-se lema comum e foi apoiada, disseminada e intensificada pelos principais órgãos de comunicação. No meio dessas manifestações, o espanto com faixas que pedem "intervenção militar", "o retorno da ditadura", "pelo fim da doutrinação marxista nas universidades" etc. Reivindicações anacrônicas e de cunho fascista que mostram, ou a tentativa golpista de tirar do poder uma presidenta democraticamente eleita, ou a faceta irracional, regredida e alienada da massa, no que se refere à agenda política brasileira.

Também emergem muitas manifestações, greves e ocupações devido à crise da administração pública. A queda de arrecadação, o aumento das dívidas e a gestão irregular em muitos estados e municípios fizeram com que quebrassem, trazendo cortes à estrutura pública e não remunerando devidamente seus trabalhadores. Atualmente se vê a gestão da escassez no serviço público, num gerenciamento da crise. A administração pública adquiriu elevados, e questionáveis, empréstimos com banqueiros, que têm taxas de juros exorbitantes. Atualmente, a dívida pública chega a consumir cerca de 50% do orçamento da União, que deveria ter fins públicos (FATORELLI & ÁVILA, 2015). Este processo é tão perverso que funciona tal como se os credores tivessem comprado "ações do setor público", mas fazendo sua retirada financeira todos os meses, e com mais lucros. Mesmo em períodos de recessão, os bancos não param de bater recordes de lucro. O imposto do contribuinte não vai para obras públicas, mas para as contas bancárias de quem já tem muito. Uma das saídas desesperadas dos gestores do setor público, seja do PSDB ou do PT, é privatizar e terceirizar todos os serviços possíveis. E novamente é o povo quem paga a crise financeira...

Ações recentes como as lutas pelo direito à cidade que se destacaram em junho de 2013 e as ocupações de escolas que seriam fechadas ou privatizadas mostram que, apesar dos profundos ataques orquestrados pelos governos neoliberais que hegemonizam o país desde a década de 1990 até o presente, as lutas insurgentes dos movimentos sociais podem reverter processos de retirada de direitos ou, mesmo, avançar nas conquistas de outros.

O presente contexto social apresenta temáticas que marcam a história da Psicologia Política, e por isso cabe atualizar a análise sobre o papel desse campo de saberes no meio desses confrontos e convulsionamento social. Traçamos três perguntas gerais, conforme Deleuze (2014): Quais são as lutas sociais emergentes? Qual é a modalidade de sujeito político que emerge delas? Qual é o papel do intelectual nesse cenário? Dessas questões, colocamos uma mais ampla: Qual é o papel da Psicologia Política latino-americana nessas lutas sociais?

Por isso, o presente livro contém trabalhos que exploram as relações entre psicologia, políticas e movimentos sociais. Ao pensar a relação da Psicologia com as lutas sociais, necessariamente remetemos aos movimentos sociais. Tal categoria foi criada por volta de

1840 para tratar do movimento operário europeu e sua posterior constituição em sindicatos e partidos (SCHERER-WARREN, 1987). Posteriormente serviu para referir-se a uma multiplicidade de manifestações sociais (DOIMO, 1995). Há inúmeras definições, classificações e formas de tratamento aos movimentos sociais nas Ciências Humanas (cf. GOHN, 1997, 2011).

Uma definição geral de movimento social bastante utilizada é a de A. Melucci, que o entende como uma "[...] ação coletiva cuja orientação comporta solidariedade, manifesta um conflito e implica a ruptura dos limites de compatibilidade do sistema ao qual a ação se refere" (2001, p. 35). Nela, há uma perspectiva de que um coletivo social, articulado por uma sociabilidade comum, opera uma ação coletiva que manifesta um conflito social no qual está inserido e que pode ter caráter transformador e instituinte, visto que pode implicar uma ruptura, uma fissura, frente ao quadro social instituído. Portanto essa noção de movimento social está intimamente relacionada à transformação e mudança.

Definição complementar é oferecida por Montaño e Duriguetto (2011), para quem um movimento social é uma organização com relativo grau de formalidade e de estabilidade, cujas ações não se esgotam em uma atividade específica e que é composta por sujeitos portadores de identidades, necessidades e reivindicações e/ou pertencimento específico de classes. Assim, as demandas dos movimentos sociais manifestam contradições presentes na estrutura social vigente em esferas diversas: produção/consumo; política/economia; Estado/mercado.

O termo "novos movimentos sociais" não é novo. Na realidade, é antigo. Começou a ser utilizado para se referir aos movimentos sociais pós-1968, seja o maio parisiense, ou as manifestações sociais que assolaram o mundo no fim das décadas de 1960 e de 1970. Expressa um caráter diferenciado dos movimentos sociais em que suas reivindicações não seriam derivadas apenas do âmbito "material", como a luta pela terra, por melhores condições de trabalho, pela tomada de poder do Estado, mas também no "âmbito imaterial", que se refere às formas de ser e de subjetivação, às esferas desejantes e de expressão, que não passavam mais apenas pela esfera macropolítica dos partidos, dos sindicatos e dos grandes movimentos sociais instituídos. Não é à toa que o maio de 68 francês foi conhecido como as "barricadas do desejo" (MATOS, 1981) e expressou uma descontinuidade com os movimentos sociais tradicionais. Estes se baseavam nas discussões e ações pautadas na luta de classes e na função central das instituições, como os sindicatos e partidos, enquanto os "novos" estão mais ligados às questões do cotidiano, estando descentralizados e pluralizados, no âmbito de variadas formações discursivas (LACLAU, 1986; SADER, 1987; SOUSA, 1997). Então uma enorme gama de novos movimentos e atores sociais emergiu, como movimentos étnico-raciais, de gênero, artísticos, da juventude etc. Novos tipos de luta e um novo tipo de sujeito histórico.

Assim, os "novos movimentos sociais" possuem natureza heterogênea e se apresentam ou como *complemento* ou como *alternativa* aos movimentos de classe tradicionais. Portanto, é possível identificar nos novos movimentos sociais duas características marcantes: o recurso a um campo de mobilização que está fora das esferas do trabalho e da produção; e uma relação de indiferença ou mesmo hostilidade quanto às referências político-ideológicas tradicionais do movimento operário (MONTAÑO & DURIGUETTO, 2011).

Tal hostilidade é intensificada especialmente após os fiascos históricos produzidos pelas ações de organizações políticas tradicionais que atuaram no movimento operário. Por um lado, os agrupamentos políticos de orientação social-democrata (Partido Socialista na França, Partido Social-Democrata na Alemanha e, pode-se dizer, Partido dos Trabalhadores no Brasil) passaram a gerir o neoliberalismo melhor que os próprios representantes tradicionais do neoliberalismo. Por outro, os agrupamentos políticos que possuem raízes no stalinismo, representados pelos tradicionais partidos comunistas que historicamente desempenharam papéis nefastos em momentos de rebelião social, também passaram por uma profunda guinada à direita após o fim da União Soviética (basta pensar no papel desempenhado pelo PPS na política nacional e pelo PCdoB na União Nacional dos Estudantes). Tal giro apenas acentuou algumas de suas características mais vis e constitutivas dos agrupamentos stalinistas: profunda aversão à democracia, burocratismo, aparatismo e autoritarismo. Mesmo com as diferenças de conceitualização, optamos por manter o termo "movimentos sociais", pois além de ser a terminologia utilizada atualmente, ainda é uma questão se estes movimentos sociais contemporâneos, como a chamada multidão (HARDT & NEGRI, 2006), instauram ou não uma nova configuração de movimentos sociais. De qualquer forma, um fenômeno importante de se registrar é o assombro que os movimentos sociais contemporâneos causam à opinião pública e aos intelectuais.

Este assombro se expressa no desenvolvimento de tradições teóricas que visam compreendê-los para controlá-los. Marvakis (2011) apresenta uma interessante análise que busca demonstrar como o processo de constituição das ciências sociais atendia duas finalidades: de um lado, contribuir para a governança necessária para a constituição do Estado-nação; de outro, apresentar uma perspectiva teórica diferente e contrária à perspectiva dos movimentos sociais. Assim, patologizar e controlar os movimentos sociais eram procedimentos decorrentes da constituição genética das ciências sociais. Dessa forma, o autor aponta a perspectiva das ciências sociais tradicionais como um polo oposto à perspectiva dos movimentos sociais. Tal oposição se exprimiu no surgimento de propostas que buscaram, fundamentalmente, reparar o funcionamento da sociedade, ao invés de fomentar emancipação.

Entretanto, não apenas a ciência tenta capturar os movimentos, como os próprios movimentos sociais transformam a ciência. A perspectiva dos movimentos sociais e dos sujeitos sociais, que não se conciliam com o *status quo*, fomentou o surgimento de correntes inovadoras nas ciências sociais, como a Psicologia Política Latino-americana, que também pode ser denominada Psicologia Política Crítica. O potencial de insurgência, de subversão social e de desterritorialização dos enunciados instituídos pelos movimentos sociais resultam em novos regimes de saber. Toda a vitalidade, força e insurgência dos movimentos sociais contribuíram para a constituição da Psicologia Política Latino-americana. De tal forma que este campo visa compreendê-los não para controlá-los, mas sim para potencializá-los. Consideramos assim que a ação e o devir destes movimentos sociais nos mostra que são os mecanismos de controle, os códigos sociais instituídos e os fundamentalismos contemporâneos é que estão para ser subvertidos, e não o contrário.

No entanto, em anos recentes, todas as perspectivas críticas que retiraram das lutas sociais suas principais energias para criticar os modelos dominantes e renovar os debates acadêmicos enfrentam hoje, pelo menos, três importantes dificuldades.

Em primeiro lugar, a perda de autonomia. O processo de expansão e de universalização do Ensino Superior se deu pela intensificação da perda de autonomia do trabalho intelectual. Sistemas como o ilustrativo "modelo Capes de avaliação" criaram pesquisadores que não podem mais ser concebidos como intelectuais, mas apenas como sujeitos cuja prática precarizada é regulada por agências estatais ou privadas e que resulta no redundante produtivismo uniforme e competitivo que atende demandas estabelecidas pelo mercado ou por políticas governamentais não menos mercadológicas (SGUISSARDI, 2010).

Em segundo lugar, há a mudança de prioridades. Se há algumas décadas a pergunta prioritária de pesquisadores implicados com a construção de campos críticos nas ciências sociais era a sua relação com os movimentos sociais ou com a maioria da população brasileira, atualmente a pergunta prioritária relaciona-se com a busca por obter fundos e relações com agências de financiamento.

Segundo Petras (1996), há um gritante contraste entre o pesquisador dos anos de 1970 e de 1980 com o pesquisador que passou a predominar nas universidades latino-americanas a partir dos anos de 1990. Se nos anos de 1970 e de 1980, o vínculo prioritário era com movimentos populares, hoje é com agências de financiamento. Da mesma forma, bandeiras como igualdade, poder popular e coletividade cederam espaço para a mobilidade social, uma abstrata cidadania e um abstrato "bem-estar social". Em outras palavras, o intelectual engajado entrou em extinção frente à prática predatória do pesquisador produtivo.

Em terceiro lugar, novo desafio é posto pela crescente importância dos debates acadêmicos sobre a própria democracia instituída. Obviamente, a transição da ditadura civil-militar para uma sociedade formalmente democrática trouxe conquistas, sustentadas especialmente pelos esforços dos movimentos sociais. Isto se manifestou, especialmente, na conquista de direitos civis para agrupamentos que lutaram por mudanças e transformações nas relações de raça, gênero e classe no Brasil. No entanto, a formal democracia brasileira não superou desigualdades e velhos processos opressivos. Enquanto muitos criticam os limites de políticas sociais e das conquistas de negras, lésbicas ou trabalhadoras no Brasil, pouco se pergunta sobre quais são os limites da democracia consolidada e a necessidade de superá-la.

Consideramos que a Psicologia Política é um dos mais férteis campos teóricos para discutir os problemas destacados aqui. Parte desta potencialidade vem de sua capacidade de articular em seu repertório interpretativo contribuições teóricas e técnicas da Psicologia, das Ciências Políticas, da Sociologia e de áreas afins. Outra parte importante vem de sua relação com os movimentos sociais. Especialmente na América Latina, a Psicologia Política oferece uma perspectiva plural e múltipla dos fenômenos psicossociais, não se restringindo a um psicologismo do social, ou a um sociologismo do psíquico. Vale ressaltar que é um campo recente e ainda em construção no Brasil (SANDOVAL; HUR & DANTAS, 2014).

Neste livro, buscamos desenvolver estas problemáticas contando com a contribuição de autores convidados que são referência em discussões psicopolíticas, e que são professores de universidades no Brasil e no exterior. O foco de discussão desta obra é o de introduzir para ativistas, estudantes, profissionais e pesquisadores as relações e articulações entre Psicologia, Política e Movimentos Sociais. Os capítulos apresentam: (1) pesquisas e análises psicossociais de diferentes movimentos sociais urbanos (manifestações de junho de 2013, paradas do orgulho LGBT), guerrilheiros, camponeses e ações terroristas; (2) teorias, conceitos ou modelos da Psicologia Política que contribuem para a análise de políticas e movimentos sociais.

O livro está dividido em duas partes. A primeira, Psicologia Política e movimentos sociais, contém capítulos que abordam, *diretamente*, os movimentos sociais. Na segunda, Psicologia e as diversas políticas, os textos apresentam análises sobre temas políticos específicos que estão, indiretamente, relacionados com conquistas e lutas de movimentos sociais.

O primeiro capítulo faz uma revisão e ampliação do modelo de consciência política de Sandoval (2001) e suas sete dimensões.

O norte-americano radicado no Brasil, Salvador Sandoval, e o brasileiro Alessandro Soares da Silva apresentam o desenvolvimento conceitual do modelo de "consciência política" que referenciou dezenas de pesquisas sobre movimentos sociais na Psicologia Política brasileira. Ainda apresentam discussão inédita e original reformulando o modelo à luz das emoções.

O segundo, do brasileiro Marco Aurélio Máximo Prado, faz uma reflexão sobre a categoria da política, inspirado a partir de teorização do renomado filósofo Jacques Rancière, para contribuir no debate sobre os movimentos sociais na contemporaneidade.

Em seguida, o mexicano David Pavón-Cuéllar, ao realizar uma análise do discurso do Exército Popular Revolucionário (EPR), grupo guerrilheiro armado mexicano, reflete como alguns enunciados deste movimento social podem contribuir para a constituição de uma Psicologia Política Crítica em contraposição aos discursos instituídos da Psicologia dominante, rediscutindo uma série de noções clássicas na Psicologia, como, por exemplo, a agressividade e a violência.

No capítulo seguinte Jáder Ferreira Leite, Magda Dimenstein e Verônica Morais Ximenes discutem o processo de constituição das lutas camponesas no Brasil e quais foram as respostas dadas pelos grupos dominantes tentando criminalizar e deslegitimar um dos movimentos sociais mais importantes no Brasil entre o fim da década de 1990 e o início do século XXI, o Movimento dos Trabalhadores Rurais Sem Terra (MST).

No último capítulo desta parte, autores do Núcleo de Estudos e Pesquisas Crítica, Insurgência, Subjetividade e Emancipação (Crise) apresentam dados de análise da Parada LGBT – Lésbicas, Gays, Bissexuais e Transgêneros – de Goiânia. Discutem as distintas facetas dessa manifestação social contemporânea e na análise articulam a dimensão da afetividade com os processos de conscientização e participação política.

No primeiro capítulo da segunda parte, intitulada A psicologia e as diversas políticas, na esteira dos inúmeros atentados terroristas na Europa, o espanhol José Manuel Sabucedo e a colombiana Mónica Alzate discutem a lógica dos movimentos terroristas e seu funcionamento. A problematização dos autores mostra como a psicologia pode contribuir na análise do terrorismo.

No capítulo seguinte, Isabel Fernandes de Oliveira e Ilana Lemos de Paiva da Universidade Federal do Rio Grande do Norte, destacam como a psicologia brasileira, após importantes mudanças ocorridas em decorrência das lutas sociais latino-americanas, deixou de ser um espaço exclusivamente dedicado às problemáticas da classe média e das elites e passou a dedicar atenções para setores populares, o que se expressou, especialmente, em suas interfaces com as políticas sociais nas áreas de saúde e assistência social. As autoras destacam, ainda, que apesar das importantes conquistas que se expressam na formulação das políticas sociais, as contradições básicas do capitalismo que, precisamente, impulsionaram as lutas sociais, continuam vigentes.

Já Lenise Santana Borges versa sobre a construção das lesbianidades nas novelas da maior emissora televisiva do país, discutindo assim possibilidades de emancipação frente aos discursos instituídos. A autora mostra como as conquistas dos movimentos sociais por visibilidade se manifestam contraditoriamente na mídia: enquanto, por um lado, o aparecimento de personagens lésbicas em novelas abre espaço para importantes debates; por outro, há um processo de normatização sobre o "ser lésbica".

No último capítulo, também relacionado ao tema da mídia, Marília Aparecida Muylaert, Jéssica Vian e Jonathan Ribeiro Brandão da Silva versam sobre as manifestações que levaram uma multidão às ruas em 2013. Discutem o importante papel que as mídias alternativas tiveram para sua organização.

Nosso intuito com esta obra foi versar sobre os movimentos sociais da atualidade e as contraditórias implicações políticas produzidas por suas ações a partir de diferentes enfoques teóricos que convivem no campo da Psicologia Política, para que possamos colocar mais elementos para discussão e para sua compreensão. Como a Psicologia Política é uma área transdisciplinar, este livro está dirigido a pesquisadores, profissionais e estudantes de diversas áreas das Ciências Humanas, como Psicologia, Ciências Sociais, Ciências Políticas, História, Filosofia, Educação, Serviço Social, Comunicação Social etc.

Os capítulos dos autores estrangeiros foram traduzidos do castelhano ao português por Domenico Uhng Hur, a saber: os capítulos 3 ("Para além do comportamento agressivo – Luta guerrilheira e determinação estrutural-institucional da violência no discurso do Exército Popular Revolucionário (EPR) do México") e 6 ("A 'lógica' terrorista e suas consequências"). O Prefácio foi traduzido em conjunto pelos organizadores deste livro.

Referências

CHAUÍ, M.H. (2001). *Cultura e democracia*. 9. ed. São Paulo: Cortez.

DELEUZE, G. (2014). *El poder:* curso sobre Foucault. Tomo 2. Buenos Aires: Cactus.

DOIMO, M.C. (1995). *A vez e a voz do popular* – Movimentos sociais e participação política no Brasil pós-70. Rio de Janeiro: Anpocs/Relume e Dumará.

FATTORELLI, M.L. & ÁVILA, R. (2015). Gastos com a dívida pública em 2014 superam 45% do orçamento federal executado. *Auditoria Cidadã da Dívida* [Disponível em http://www.auditoriacidada.org.br/e-por-direitos-auditoria-da-divida-ja-confira-o-grafico-do-orcamento-de-2012 – Acesso em 18/09/2015].

GOHN, M.G. (2011). Movimentos sociais na contemporaneidade. *Revista Brasileira de Educação*, 17 (47), p. 333-361 [Disponível em http://www.scielo.br/pdf/rbedu/v16n47/v16n47a05.pdf. Acesso em 08/08/2014].

_____. (1997). *Teorias dos movimentos sociais:* paradigmas clássicos e contemporâneos. São Paulo: Loyola.

HARDT, M. & NEGRI, A. (2006). *Multitud:* guerra y democracia en la era del Imperio. Barcelona: Debols!llo.

HUR, D.U. (2013). Tecnopolítica: da guerrilha armada à gestão da vida. *Polis e Psique*, 3 (1), p. 4-25 [Disponível em http://seer.ufrgs.br/Polise Psique/article/view/38487/26486 – Acesso em 08/08/2013].

LACLAU, E. (1986). Os Novos Movimentos Sociais e a pluralidade. *Revista Brasileira de Ciências Sociais*, 1 (2), p. 41-57.

MARVAKIS, A. (2011). La psicología (crítica) permanentemente en la encrucijada: Sirvientes del poder y herramientas para la emancipación. *Teoría y Crítica de la Psicología*, 1, p. 122-130.

MATOS, O.C.F. (1981). *Paris 1968:* as barricadas do desejo. São Paulo: Brasiliense.

MELUCCI, A. (2001). *A invenção do presente* – Movimentos sociais nas sociedades complexas. Petrópolis: Vozes.

MICHELS, R. (1982). *Partidos políticos.* Brasília: UnB.

MONTAÑO, C. & DURIGUETTO, M.L. (2011). *Estado, classe e movimento social.* 3. ed. São Paulo: Cortez.

PETRAS, J. (1996). Os intelectuais em retirada. In: COGGIOLA, O. (org.). *Marxismo hoje.* 2. ed. São Paulo: Xamã, p. 16-20.

SADER, E. (org.) (1987). *Movimentos sociais na transição democrática.* São Paulo: Cortez.

SANDOVAL, S.A.M. (2001). The Crisis of the Brazilian Labor Movement and Workers Political Consciousness. *Psicologia Política*, 1 (1).

SANDOVAL, S.; HUR, D.U. & DANTAS, B.S. (2014). *Psicologia Política:* temas atuais de investigação. Campinas: Alínea.

SCHERER-WARREN, I. (1987). O caráter dos novos movimentos sociais. In: SCHERER-WARREN, I. & KRISCHE, P. *Uma revolução no cotidiano?* – Os novos movimentos sociais na América do Sul. São Paulo: Brasiliense, p. 35-53.

SGUISSARDI, V. (2010). Mercantilização e intensificação do trabalho docente – Traços marcantes da expansão universitária brasileira hoje. In: LÓPEZ, F. & RIVAROLA, D.M. (orgs.). *La universidad ante los desafios del siglo XXI.* Assunción: Ediciones y Arte, p. 295-317.

SOUSA, J.T.P. (1997). *Reinvenções da utopia* – A militância política dos jovens dos anos 90. São Paulo: Instituto de Psicologia/Universidade de São Paulo [Tese de doutorado].

Parte I

Psicologia Política e movimentos sociais

1

O modelo de análise da consciência política como contribuição para a Psicologia Política dos Movimentos Sociais

Salvador A.M. Sandoval
Alessandro Soares da Silva

Desde que a Psicologia Política surgiu e adquiriu força suficiente para ser considerada um dos possíveis caminhos explicativos próprios das ciências sociais (SABUCEDO, 2000; SILVA, 2012b), figuraram como temas de predileção a questão das multidões e os movimentos sociais. Nessa esteira, aparecem, desde o início do século XX, livros como *La psychologie de foules* de Le Bon (1895) e *Psychology of Social Movements* de Hardley Cantril (1941). Estes livros foram marcos intelectuais para o que chamamos aqui de Psicologia Política dos Movimentos Sociais, campo que continuou sendo explorado em diversos trabalhos atuais (PRADO, 2001; SANDOVAL, 1989, 1998, 2001; SILVA, 2001, 2002a, 2008, 2012a; ALMEIDA & CORREIA, 2012; VILAS & SABUCEDO, 2013).

Fazer uma revisão crítica sobre esse tema ainda é, entretanto, um desafio para a Psicologia Política, pois o debate sobre os movimentos sociais é, sem dúvida, um dos temas que a visibilizam como campo interdisciplinar de conhecimento (MONTERO &

DORNA, 1993; SANDOVAL, 1997a; SABUCEDO, 2000; ALMEIDA; SILVA & CORRÊA, 2012; SILVA, 2012a, 2012b, SANDOVAL; HUR & DANTAS, 2014). Neste capítulo daremos destaque para um modelo de análise que nasce desse diálogo que é próprio do saber psicopolítico. Referimo-nos ao *modelo analítico para o estudo da consciência política* proposto por Salvador Sandoval (1989, 1994, 1997b, 2001) e que tem sido utilizado com bastante sucesso na análise de processos de mobilização e desmobilização política nos estudos das ações coletivas e dos movimentos sociais.

Frente às limitações presentes nas diferentes teorias que buscam explicar fenômenos de comportamento político coletivo (MENDIOLA GONZALO, 2001), Sandoval propõe uma articulação que permite superar visões conceitualmente parciais. Seu modelo combina e articula diferentes dimensões de compreensão do fenômeno do engajamento na política. Assim, como veremos, o autor articula teorias sobre a identidade em suas múltiplas possibilidades (social, coletiva, política e cultural); crenças e valores societais, eficácia política etc., no que se referem à sua aplicação no campo das ações coletivas. Neste capítulo, optamos por adiar a análise epistêmica do que significa e de qual é o potencial de uma Psicologia Política dos Movimentos Sociais para podermos atentar melhor para o *Modelo analítico para o estudo da consciência política*, desenvolvido por Sandoval.

1 Primeiras articulações teóricas

Quando analisamos as primeiras publicações de Sandoval, fica claro que autores como Charles Tilly (1978), Alain Touraine (1966) e William Gamson (1992a, 1992b), foram influências consideráveis no processo de elaboração deste *modelo para o estudo da consciência política*.

Na literatura norte-americana e europeia sobre participação em movimentos sociais, a abordagem predominante para analisar a predisposição de pessoas para participar em ações coletivas de movimentos sociais é aquela que se baseia no conceito de "*fra-*

mes"[1] ou enquadramentos (entendidos como marcos interpretativos). Trata-se de uma noção desenvolvida pelo sociólogo Erving Goffman (1986) inspirado no conceito de papel social, imprecisa analiticamente e que se refere a um estado mental semelhante à noção de representação social ou de um quadro mental que explica este ou aquele comportamento. A literatura de origem estadunidense é aquela que especialmente vem utilizando o conceito de enquadramentos interpretativos (*frames*). Nela encontramos uma diversidade de rótulos atribuídos por cada autor aos "*frames*" interpretativos movimentadores da participação dos indivíduos. Esses rótulos, em termos analíticos, variam de acordo com: a natureza do movimento social em questão; a percepção de cada pesquisador; e os enunciados de reivindicações e demandas expressas nos respectivos movimentos sociais. Os rótulos são mais descritivos e são pouco integrados teoricamente com qualquer enfoque psicopolítico usado na atualidade para compreender a visão de mundo dos indivíduos e as mudanças nas percepções sobre a participação.

Analistas de *frames* ou enquadramentos (GAMSON, 1992a; KLANDERMANS, 1997; BENFORD & SNOW, 2000) atribuem significados aos *frames* quando rotulam a natureza do movimento social em análise. Não são trabalhos que partem de alguma concepção fundada em um modelo básico sobre o pensamento da consciência que seja aplicável à compreensão do processo de conscientização das pessoas, tal como é proposto nos enfoques que partem das contribuições de Paulo Freire e Ignacio Martín-Baró e que apreendem a consciência política como pensamento a ser conscientizado.

Esse problema das análises baseadas nos *frames* está presente inclusive no estudo de William Gamson (1992a). O autor chega a trabalhar com os conceitos de consciência e de *frames* numa mesma análise sobre a participação das pessoas na política. A consciência é vista por Gamson como componente ideológico do pensar e os *frames* como o componente identificatório e reivindicativo no pensamento. Assim, a análise de Gamson por um lado

---

1. *Frame*, em português se traduz como estrutura, quadro, moldura, corpo e, talvez não seja a tradução mais fidedigna ao sentido do termo. Poderíamos traduzir o termo *frames* como marco de referência no pensar dos indivíduos.

tenta contemplar os processos de pensamento envolvidos na participação, mas, por outro lado, mantém a fragmentação analítica entre o ideológico e identificatório grupal e, com isso, realiza uma análise estática das pessoas que se engajam na política. Neste sentido, Gamson mantém o aspecto estático e fragmentado, típico das análises de *frames*.

Ao tratar da consciência política, William Gamson (1992b) sustenta sua proposta em fundamentos psicossociológicos. O autor analisa a relação entre *eu* e *sociedade* articulando aspectos micro e macrossociais para compreender os processos e dinâmicas de interação grupal envolvidos em ações coletivas. A consciência política não é inata, mas construída mediante as relações entre sujeitos, em espaços de intersubjetividade, os quais propiciam os múltiplos processos de internalização de formas culturais de comportamento. Na medida em que as formas de existência vão se tornando mais complexas e se modificando, também se modificam as formas de interação e de comportamento e, por conseguinte, as complexidades da consciência política.

Na perspectiva de Gamson (1992a, 1992b) a consciência política é construída a partir das significações que cada sujeito faz em seu mundo cotidiano através da mediação de instituições como a família, a escola, a Igreja e os movimentos sociais, isto é, instituições que compõem a complexa tessitura social. Agregue-se a isso a mídia e suas múltiplas facetas ideológicas que, junto com as instituições sociais, atuam como instrumentos de mediação e construção de significados e exercem um destacado papel no processo de formação da consciência política de cada sujeito e grupo social (GAMSON, 1992a). A consciência política seria parte do processo de dominação daqueles que detêm o poder. Nesta perspectiva, qualquer mudança nela dependeria de uma *disputa simbólica* envolvendo os significados construídos, as interpretações e reinterpretações destes, pois a consciência política emerge de um espaço intersubjetivo no qual acontece a interação entre o universo cultural em que o sujeito está inserido e suas estruturas de cognição.

Sendo a consciência política construída e representada em sua dimensão cultural por meio de tradições que centram sua atenção em questões ideológicas e discursivas, ela se torna o mecanismo pelo qual as ações coletivas e a cultura são configuradas a partir de significados sociais veiculados no sistema simbólico de cada sujeito e/ou grupo social e expressos em seus discursos. Desta forma, Gamson aponta para o fato de que o comportamento consciente de cada sujeito se dá por meio de relações sociais que ele constrói em seu cotidiano no mundo exterior. É no espaço do *não privado*, ou, melhor dito, da *não intimidade* que a vida social se apresenta como um processo dinâmico e onde cada sujeito é ativo. Há, assim, uma interação entre o mundo cultural e o mundo subjetivo de cada um.

Portanto, para entender como cada sujeito constrói cotidianamente significados acerca de temas como a política e o político, a participação política e os processos de mobilização, Gamson (1992a) trata de observar e desvendar as nuanças presentes na relação do indivíduo com o sistema cultural utilizando como base para sua análise a teoria dos *frames*. A construção de significados não se dá mediante uma atitude de inação ou de passividade de cada sujeito, pois eles e elas estão constantemente negociando significados com as estruturas que os e as cercam e consigo mesmo. Cada sujeito lança mão dos conhecimentos que construíram, de suas próprias experiências, bem como do senso comum e do saber popular produzindo constantes mudanças nos diversos significados que nascem desta teia social na qual estão imersos.

Após a tentativa de Gamson (1992a), Bert Klandermans (1997) e Jane Mansbridge (2001) definiram os conceitos de identidade de grupo e identificação de injustiças como elementos constitutivos dos *frames* de protestos, segundo Klandermans, ou dos *frames* de oposição, segundo Mansbridge. No entanto, essas modificações na abordagem dos *frames* pouco contribuem para explicar o processo de conscientização dos indivíduos que leva ao engajamento em ações coletivas. Ambos, Klandermans e Mansbridge, apresentam explicações sobre o que ocorre *ex post facto* ao engajamento. Os modelos dos autores apresentam limitações intrínsecas quando são postos à prova nas análises para decifrar os motivos da desmobilização ou, mais ainda, para explicar a falta de mobilização coletiva frente aos abusos ou carências de grandes segmentos da população, uma vez que não existe um movimento social para extrair razões explicativas sobre a participação.

Importa lembrar aqui que se, de um lado, o universo cultural e o universo político organizam-se baseados em estruturas previamente estabelecidas, de outro, encontramos sujeitos particulares e coletivos que atuam de forma ativa e que são capazes de elaborar suas próprias leituras do universo simbólico que povoa a cultura e a política. Eles também são capazes de reescrever os processos ativos que estruturam o mundo da vida, a realidade, partindo de diferentes posições que dependem do contexto sócio-histórico e psicológico de cada um dos atores sociais. Essa capacidade não faz com que os sujeitos estejam sempre comprometidos com a ruptura das bases preestabelecidas que orientam o cotidiano. Isso equivale a dizer que, segundo Gamson (1992a), ainda que os sujeitos não estejam necessariamente inclinados à atividade política, à participação e mobilização social, eles sabem sobre e percebem o universo político que os rodeiam. Esta percepção que pode ser mais ou menos complexa, dependendo de cada sujeito particular e coletivo, encontra-se presente nos próprios sujeitos, ainda que de modo latente. Assim, uma consciência política mais complexa pode ser elaborada, ativada, mediante a apropriada estimulação desses sujeitos.

A proposta de consciência política que Gamson nos oferece difere do modelo de Sandoval. Enquanto para o primeiro as categorias analíticas da consciência política emergem da ação coletiva, veremos que para o segundo a consciência política é entendida como a chave para analisarmos tanto a mobilização como a desmobilização individual e coletiva. Além disso, Sandoval realiza análises por meio de categorias teóricas que permitem abranger tanto comportamentos políticos de mobilização como de desmobilização. Gamson aponta para o fato de que os sujeitos se mobilizam e se engajam em várias formas de ação coletiva, as quais oferecem um ou mais *frames* de ação coletiva. As *redes de trabalho e recrutamento para ações políticas, a relação custo* versus *benefício da participação e as oportunidades políticas* implicadas na participação são elementos-chave para entender a consciência e a participação política de sujeitos, já que mudanças na estrutura política transformam as possibilidades de oportunidades políticas concernentes às ações coletivas de maneira positiva ou negativa.

Inicialmente Sandoval constrói seu modelo a partir da análise do *esquema de consciência operária* proposto por Alain Touraine no seu estudo clássico *La consciénce ouvrière* (1966). Vale recordar que Touraine propõe em seu esquema da *consciência operária* três dimensões básicas para estudar a consciência de trabalhadores franceses: *identificação de classe, oposição ao adversário* e *totalidade da sociedade.*

Segundo a visão de Sandoval (1994), o esquema de Touraine constituía-se, na ocasião, "[...] na proposta mais coerente do ponto de vista teórico e a mais viável operacionalmente para o estudo empírico da consciência" (SANDOVAL, 1994, p. 66). Ainda segundo o autor, a grande preocupação de Touraine na ocasião era "[...] chegar a uma definição possível que não fosse nem divorciada da realidade da sociedade de classes [...] nem tampouco inferida apenas de ações coletiva" (SANDOVAL, 1994, p. 67). Neste sentido, diferentemente de Gamson e, posteriormente, de Touraine, Sandoval procura desenvolver uma conceituação baseada em categorias psicopolíticas e não nos fatos de ações coletivas ou nos acontecimentos específicos que rodeiam os atores, tal como ocorre no caso da análise de *frames*. Sandoval também reconhece que a classificação elaborada pelo autor francês aprecia uma ampla literatura sobre o tema, englobando aspectos fundamentais da consciência. Todavia, a crítica que Sandoval reserva ao esquema da consciência operária proposto por Touraine reside no fato de este ignorar

> [...] a percepção que o indivíduo tem de sua capacidade de intervenção para alcançar seus interesses, um fator estreitamente associado ao conceito de consciência no sentido voluntarista, e certamente implícito nas explicações causais da ação coletiva. [...] Essa dimensão [...] representa o componente de conduta da consciência, no sentido de focalizar o *rapport* dos indivíduos com formas de ação sancionadas pelo mesmo na defesa de seus interesses (SANDOVAL, 1994, p. 67-68).

Essa dimensão chamada por Sandoval de *predisposição para intervenção* ou *vontade de agir coletivamente* seria inicialmente acrescida ao esquema de Alain Touraine, pois entendia que o conceito de consciência estaria "[...] intimamente relacionado ao engajamento do comportamento social em busca de autointeresse e de interesse de classe" (SANDOVAL, 1994, p. 68). No decorrer de outras leituras, Sandoval formula um modelo conceitualmente mais complexo do que aquele proposto por Touraine.

2 Da crítica às diferentes teorias à proposição do modelo

A análise dos trabalhos dos autores citados no tópico anterior, levou Sandoval a propor inicialmente uma definição própria do que seria consciência. Para ele,

> [...] consciência é um conceito psicossocial referente aos significados que os indivíduos atribuem às interações diárias e acontecimentos em suas vidas. [...] A consciência não é um mero espelhamento do mundo material, mas antes a atribuição de significados pelo indivíduo ao seu ambiente social, que servem como guia de conduta e só podem ser compreendidos dentro do contexto em que é exercido aquele padrão de conduta (SANDOVAL, 1994, p. 59).

Ainda sobre essa quarta dimensão da consciência lemos o seguinte:

> Além disso, a compreensão de como certas ações individuais ou coletivas ocorrem ou deixam de ocorrer não é apenas uma questão de circunstância histórica ou da percepção do indivíduo de sua realidade social, mas também do repertório disponível de ações possíveis e da legitimidade atribuída às mesmas por seus atores. É nessa terceira acepção que sentimos a necessidade de agregar a "predisposição para a ação" às outras dimensões de consciência política (SANDOVAL, 1994, p. 68).

Na proposta de Sandoval, a identidade não ocupa o lugar de categoria analítica; tal como Touraine propôs, aqui a identidade é entendida como um componente, uma dimensão da consciência. A identidade social e a identidade coletiva constituem, juntamente com o conjunto de crenças, a cultura e as experiências vividas, as dimensões da consciência política. Podemos introduzir nessa construção teórica o outro generalizado, que funciona como mediador externo, na relação entre sujeito e sociedade, e interno, na relação entre os diversos níveis psicológicos do sujeito. Sandoval não entende a identidade social e a identidade coletiva como identidades distintas, tal como ocorre nas propostas de Henri Tajfel e Alberto Melucci, mas afirma que a identidade coletiva é uma especificação da identidade social de Tajfel que se desenvolve pela politização do sujeito. Além disso, as duas identidades são componentes da consciência política.

Nesse sentido, nós entendemos o modelo de estudos da consciência política como uma inversão da teoria de George H. Mead que pode ser expressa da seguinte forma: enquanto Mead não atribui à sua teoria do *self* um caráter crítico porque deixa a possibilidade de se alcançar uma consciência de si acrítica, Sandoval em seu modelo analítico da consciência política parte exatamente dessa carência da teoria de Mead ao introduzir como condição objetiva a capacidade crítica que o indivíduo deve adquirir mediantes suas experiências com o Estado e na construção da identidade coletiva com o grupo de pertença.

Observamos na obra do autor uma aproximação significativa com a obra de Mead no que se refere à consciência de si. Toda consciência de si é social e por ser social pode vir a ser política. Assim, em tese, toda consciência de si é política. A aproximação que fazemos dessas duas concepções teóricas se justifica pelo fato de partirem de algumas premissas comuns: a reciprocidade existente entre sujeito e sociedade, a mediação desse processo pela identificação e apropriação da atitude do grupo de pertença e a possibilidade de se aprofundar progressivamente a consciência política.

Quando dizemos que toda consciência de si é política estamos nos referindo ao fato de que, nos processos de interiorização das estruturas sociais, das instituições e de apropriação do outro generalizado, é mister que o Eu faça a sua leitura das estruturas, das instituições e do outro generalizado com o qual o Mim teve contato e "propõe" interiorizar no Eu. Essa leitura e consequente releitura feita pelo Eu (a qual implica uma relação de mão dupla entre o sujeito e a sociedade), está impregnada de posturas políticas advindas do processo de estruturação do *self* (autoconsciência ou, ainda, consciência de si).

Mead não destaca a especificidade da ação e da consciência política[2], isto é, o aspecto político na estrutura geral da consciência de si. Assim, o autor faz com que o caráter político do *self* seja um condicionante implícito na existência do próprio *self*. Já Sandoval procura discriminar e enfatizar o caráter político da consciência. Ainda que o processo de estruturação da consciência traga em si um caráter político, isso não significa que o sujeito seja um sujeito politizado. Assim, a consciência política refere-se à politização do sujeito, às ações politizadas do sujeito e, em última análise, ao desenvolvimento consciente do seu caráter político. Segundo o autor, consciência política é um construto de dimensões psicossociais de significações e informações que permitem ao indivíduo tomar decisões a respeito das melhores alternativas de agir dentro de contextos políticos e situações específicas (SANDOVAL, 2001, p. 185).

Assim, para Sandoval, a consciência política é formada por aspectos identitários (identidade social nas perspectivas de: TAJFEL, 1982, 1983; DOMINIC & HOGG, 1998), pela cultura construída socialmente e expressa na sociedade, por um conjunto de crenças internalizadas pelo indivíduo e pela percepção politizada do contexto social em que se localiza o sujeito (Identidade Coletiva na perspectiva de MELUCCI, 1994, 1996).

3 O modelo analítico para o estudo da consciência política

Esses aspectos que informam a consciência são expressos no modelo proposto por Sandoval por meio de sete dimensões psicossociológicas que se articulam possibilitando diferentes configurações da consciência política de indivíduos e grupos. Não é um modelo linear. As tensões vividas cotidianamente pelos sujeitos e grupos tendem a fazer com que processos dialéticos continuamente se expressem. Destarte, falar de consciência política de um sujeito ou grupo significa falar de um momento da consciência,

---

2. Importa notar que no instante em que Mead faz da democracia uma condição necessária para o desenvolvimento do *self*, ele está abrindo espaço para que pensemos o próprio *self* não apenas socialmente, mas também politicamente. Contudo o possível aspecto político do *self* não chega a ser mencionado pelo autor no decorrer de sua obra.

pois ela pode sofrer mudanças constantes segundo as experiências vividas. Nas palavras de Sandoval (2001): "Este modelo de consciência política representa as várias dimensões psicossociais que constituem o saber político de um indivíduo sobre a sociedade e si mesmo/mesma como membro dessa sociedade e representa, consequentemente, sua disposição para agir de acordo com esse saber" (p. 185).

As dimensões propostas pelo autor, são: 1) *Identidade coletiva*; 2) *Expectativas e convicções societais*; 3) *Sentimentos de interesses coletivos e a identificação de adversários*; 4) *Eficácia política*; 5) *Sentimentos de justiça e injustiça*; 6) *Vontade de agir coletivamente*; 7) *Metas e propostas de ação coletiva*.

Abaixo apresentamos um esquema didático do modelo de Sandoval (2001):

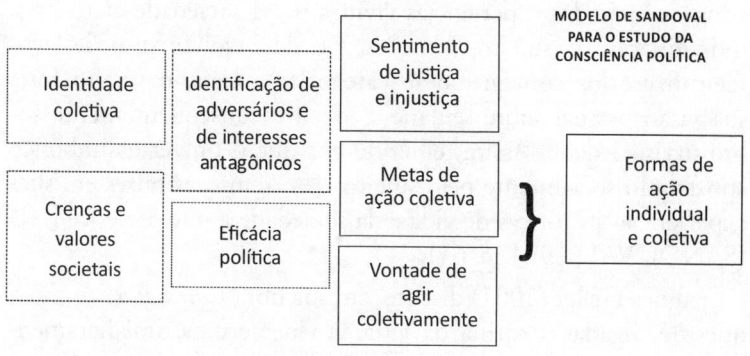

Fonte: Sandoval apud Silva, 2001.

Entendemos que o modo de apresentar o modelo nas publicações poderia levar ao leitor a uma leitura mecânica sequencial destas dimensões. No entanto, Sandoval nos oferece um modelo conceitual da noção de consciência política entendida como "[...] processo contínuo de elaboração de visões de mundo em seus sentidos normativos, pragmático-situacionais e cognitivo-informativos" (SANDOVAL, 1989, p. 70). Neste sentido, as dimensões constitutivas do modelo devem ser vistas como categorias analíticas psicossociais cujo entrelaçamento depende mais da especificidade das experiências de indivíduos em diferentes contextos políticos e históricos do que das vontades apriorísticas dos pesquisadores.

Antes de apresentarmos as dimensões do modelo, é importante salientar que os estudos desenvolvidos por Sandoval durante o desenvolvimento de seu modelo indicam que "[...] a consciência política não é uma mera escala aleatória de elementos, mas antes organizada em modalidades de percepção da realidade social as quais são passíveis de análise sistemática" (SANDOVAL, 1994, p. 61).

Crenças e valores societais é a dimensão que se refere àqueles valores e crenças que pessoas elaboram sobre suas sociedades e as relações de poder nelas. Junto aos laços de identidades grupais são elementos-chave na construção social da realidade de cada um. A partir do processo de interação com as instituições, ocorre a aquisição de valores sobre a sociedade que estão presentes na cultura política hegemônica, enquanto as crenças elaboradas como consequência das experiências vividas nessa sociedade efetivam a individuação do sujeito. Junto com o desenvolvimento de laços identificatórios com grupos e categorias sociais, o sujeito forja sua visão pessoal sobre seu meio social e consequentemente sobre sua sociedade. Assim, entendemos que o universo simbólico construído socialmente pelo sujeito "[...] tem suas raízes em suas experiências históricas de vida e da sociedade a que pertence [...]" (SANDOVAL, 1994, p. 61).

Agnes Heller (2001) discute, em sua obra *Cotidiano e história*, questões ligadas à rotina da vida. Ao nascermos, imediatamente somos inscritos no *"mundo da vida"*, nas atividades cotidianas. Como diz Heller (2001), e Sandoval retoma (1994),

> [...] os grandes eventos não quotidianos da história emergem da vida quotidiana e eventualmente retornam para transformá-la. A vida rotineira é a vida do indivíduo integral, o que equivale a dizer que dela participa com todas as facetas de sua individualidade. Nela são empregados todos os seus sentidos, todas as suas capacidades intelectuais, suas habilidades para manipular o mundo objetivo, sentimentos, paixões, ideias e crenças (HELLER, 2001, p. 71).

A vida cotidiana é segmentada e heterogênea. A segmentação do cotidiano manifesta-se na conduta e nos níveis de consciência desenvolvidos por cada sujeito. O mundo da vida cotidiana aparece naturalizado, como um mundo do imediato e orientado pelo senso comum. O cotidiano é o lugar da continuidade ininterrupta, onde a reflexão não se faz necessária. É exatamente porque o cotidiano assim se configura que ele se torna um espaço onde crenças e valores societais tendem à cristalização e a única possibilidade de consciência possível é a *consciência do Senso Comum* (cf. SANDOVAL, 1994, p. 70). Em relação a isso Sandoval observa que: "A característica dominante da vida quotidiana é a sua espontaneidade. Isso equivale a dizer que a assimilação de padrões de comportamento, crenças sociais, pontos de vista políticos, modismos etc. é feita geralmente de maneira não racional (não refletida)" (SANDOVAL, 1994, p. 65).

Espontaneidade é, no pensamento de Heller (2001), uma tendência em todas as formas de atividade cotidianas. De fato, a manutenção da vida diária se tornaria insustentável caso todas as ações do sujeito exigissem algum tipo de reflexão. Contudo, ações refletidas colocam em xeque a rotina da vida diária. Podemos dizer então que o quotidiano impõe ao sujeito formas de pensar imediatista, utilitarista e, porque não dizer, pragmaticista[3], o que "[...] favorece o desenvolvimento do pensamento superficial" (SANDOVAL, 1994, p. 64).

O fato de o cotidiano estar marcado pelo pragmatismo e utilitarismo, pela visão de mundo naturalizada e pelo pensamento su-

---

3. Sandoval escreve que "o imediatismo do pensar e do comportamento quotidiano obscurece a diferença entre o 'possível' e o 'correto', tanto quanto no comportamento diário tende a reduzir o correto ao possível e, em decorrência, a encobrir as questões de direito de cidadania e moralidade política. Assim, a atitude quotidiana é tipicamente pragmática. Essa falha na racionalidade e a ênfase no pragmaticismo se refletem no caráter fragmentário do pensamento das pessoas combinando a mescla não sistemática de material cognitivo e juízos superficiais de valores, convertendo a pressa no 'desejável' a eficiência no 'natural', na medida em que as opções de comportamento delas lhe permitem continuar no ritmo do dia a dia com um mínimo de perturbação" (1994, p. 64). Ao utilizar o termo pragmaticista queremos guardar que aqui ele está utilizado segundo o senso comum e não na acepção da filosofia pragmática norte-americana da qual George Herbert Mead foi um dos sistematizadores. Para clarificar melhor o que dizemos recomendamos a leitura do capítulo I da tese de doutorado de Odair Sass (1992) intitulada *Crítica da razão solitária: a psicologia social de George Herbert Mead* no qual o autor trata sobre pragmatismo e pragmatismos.

perficial, nos remete a pensá-lo como um espaço alienante. Nele, o sujeito tende a viver conformado e alienado, pois o exercício da reflexão, o questionamento da rotina não faz parte deste modo de vida pelo simples motivo de que o questionamento sobre o *continuum* da vida causaria nele uma ruptura, uma perturbação à ordem vigente. A esse respeito Sandoval afirma que

> [...] a rotina quotidiana é aquele aspecto da realidade social que mais se presta à alienação, a qual se manifesta na coexistência silenciosa entre as tarefas envolventes do viver diário e da ordem social maior que o determina. Alienação é tipicamente expressada em suposições não questionadas da inevitabilidade da rotina diária e o "natural" das desigualdades e dominação nas relações de poder na sociedade, tal como se encontram estruturadas. A aceitação espontânea de normas sociais e em última instância da estruturação de classes, desigualdades sociais, e submissão política disfarçada de "requisito" do viver rotineiro, podem ter o efeito de tornar o indivíduo um conformista na medida em que carece da instrumentação intelectual para um raciocínio sistemático e crítico, e das práticas diárias do exercício democrático de direitos e obrigações de cidadania. Essa alienação, evidenciada no fragmento da consciência das pessoas, é melhor ilustrada na dificuldade que tem de conceitualizar a estrutura social, a estratificação social e o regime democrático (SANDOVAL, 1994, p. 64-65).

A estabilidade da sociedade capitalista está fundada na segmentação dos membros da sociedade em diferentes formas de estratificações sociais, na aparente dissociação entre as esferas social, econômica e política e o reforço à cultura política hegemônica. Essa aparente compartimentalização do político, do econômico e do social faz com que processos de conscientizações no contexto da rotina da vida cotidiana sejam mais focalizados em assuntos individuais e privados do que em interesses cívico-políticos. Entretanto, quando a cotidianidade é tumultuada, essa aparente dissociação entre o político e o econômico se desfaz frente à desestruturação da vida dos indivíduos. O controle social exercido sobre os indivíduos se enfraquece nesses tempos tumultuados, permitindo que os descontentamentos se convertam em temáticas de reivindicação na arena política onde viram "discussão da natureza e do exercício do poder político" (SANDOVAL, 1994, p. 66).

A politização do indivíduo pressupõe a ruptura com a rotina cotidiana e a introdução de uma reflexão mais racionalizada e política frente às condições da vida cotidiana. Como ressalta Sandoval "[...] esferas não problemáticas de realidade rotineira podem perdurar até serem interrompidas pelo surgimento de problemas, conflitos ou fatos não explicáveis" (SANDOVAL, 1994, p. 63). Isso nos remete a pensar que qualquer que seja a análise da consciência deve-se considerar sempre os parâmetros da reflexividade e da escolha política.

Portanto, ao discutirmos a dimensão das crenças e valores societais percebemos que essa dimensão se encontra ligada à espontaneidade da vida cotidiana. Quando essa ligação se estabelece, ela permite uma cristalização das crenças e dos valores societais; uma condição propícia à alienação e ao comodismo do sujeito em função da não racionalidade das práticas diárias e da segmentação a que estão subordinadas. Essa conjuntura nos leva a reconhecer que a sociedade tende a fragmentar a consciência do indivíduo a partir de interpretações segmentadas de visões de mundo, o que impossibilita a formação da consciência política. A única consciência política possível nesse quadro é, como já dissemos, a *"consciência de senso comum"*. Para que outras modalidades possam emergir é imprescindível que ocorra o rompimento da rotina e, consequentemente, a introdução da reflexividade na vida do sujeito. Certo é que, assim como Sandoval afirma, "É precisamente esse tipo de interrupção da estabilidade da vida rotineira no trabalho, na vizinhança e nas instituições [...] que aciona a mudança da consciência individual" (SANDOVAL, 1994, p. 63).

Por *Identidade Coletiva*, Sandoval define aquela dimensão da consciência que se relaciona com sentimentos de pertença a grupos sociais, uma das bases da solidariedade. Por Identidade Coletiva entende-se aquele momento em que o indivíduo escolhe a prioridade para focar sua lealdade e solidariedade em relação a uma categoria social específica no processo de se tornar um ator mais politizado. Assim, a partir das diversas identidades grupais que indivíduos possuem, a categoria social escolhida para pensar, discutir e agir politicamente se destaca num outro patamar de identidade, qualitativamente distinto e delimitado, que Sandoval chama de Identidade Coletiva. Soraia Ansara (2000, 2008a, 2008b) em seus estudos de memória política destaca essa Identidade Coletiva como um dos componentes da consciência política que faz o elo entre passado e presente, permitindo um movimento de retorno à história que possibilita estabelecer comparações com outros lugares, tempos e espaços sociais e acontecimentos políticos. Geralmente, na literatura sobre mobilização e participação há um consenso de que algum tipo de identificação grupal é componente necessário para forjar uma orientação individual e coletiva na ação política.

A dimensão *interesses antagônicos e os adversários* se refere aos sentimentos do indivíduo em relação aos seus interesses simbólicos e materiais em oposição aos interesses de outros grupos. Pensar em interesses antagônicos nos leva a reconhecer que a sociedade consiste de interesses muitas vezes antagônicos entre grupos e categorias sociais e tais interesses antagônicos impulsionam a conscientização sobre possíveis adversários coletivos dentro de nosso meio social.

Para Sandoval (2001), a identificação desses interesses antagônicos e de adversários ocupa um importante lugar no estudo da consciência política. Sem a noção de um adversário visível é impossível mobilizar os indivíduos a agirem e coordenarem ações contra um objetivo específico seja este um indivíduo, um grupo ou uma instituição. Nessa linha identificamos a influência de Tajfel (1982, 1983) e de Dominic e Hogg (1998) que propõem como requisitos da participação: o sentimento de pertencer a um grupo; a identificação de interesses comuns com o próprio grupo; a identificação de interesses contrários à manutenção desse grupo; e a identificação de grupos que tenham interesses rejeitados pelo grupo de pertença. Dessa maneira se estabelece a relação entre "*meu grupo de pertença*" e o "*grupo dos outros*".

Tal como foi afirmado, a segmentação do cotidiano e o comodismo utilitarista e pragmático são, nos momentos de ruptura da rotina cotidiana, substituídos por um estado de permanente reflexividade em função dos perigos que os interesses antagônicos e os adversários representam. Nessa dimensão, o pensamento utilitarista e superficial, bem como o comodismo, podem trazer efeitos nefastos ao indivíduo e aos seus grupos de pertencimento.

Essa dimensão nos remete também ao esquema de Alain Touraine, no qual encontramos a dimensão da oposição. As dimensões propostas por Touraine (oposição) e por Sandoval (identificação de adversários e de interesses antagônicos) são similares por focarem a percepção que o sujeito tem da classe de pertença, das outras classes e da relação que estas estabelecem entre elas. Nesse sentido, a percepção que o sujeito tem das classes dominantes é de especial importância. Segundo Sandoval, a ênfase dessa dimensão está no "[...] caráter antagonístico das relações de classe (na medida em que esses são conflitos de interesse) e no significado que o indivíduo atribui ao antagonismo em termos de obstáculos para lograr benefícios materiais e políticos" (SANDOVAL, 1994, p. 67).

Eficácia política é a dimensão que trata dos "[...] sentimentos de uma pessoa acerca de sua capacidade de intervir em uma situação política" (SANDOVAL, 2001, p. 188). Para explicar melhor esta categoria, Sandoval (2001) apoia-se na Teoria da Atribuição (HEWSTONE, 1989), segundo a qual a interpretação das causas dos acontecimentos em que as pessoas estão envolvidas podem ser de três tipos.

No primeiro tipo, os eventos resultam de forças transcendentes ao sujeito como tendências históricas, desastres naturais e intervenções divinas. Sujeitos que atribuem a origem social a causas dessa ordem, possuem sentimentos de baixa eficácia política. Quanto mais acreditam que os eventos têm como causas forças transcendentes, mais baixo será o sentimento de eficácia política frente a ações que podem ser empreendidas para transcender as forças da natureza, gerando conformismo e reações submissas em situações de angústia social.

Um segundo *locus* de causalidade é dirigido ao si mesmo. Nestes *locus*, os eventos são entendidos como resultantes da própria pessoa e de sua capacidade ou incapacidade de lidar com alguma situação específica. Neste caso, o sujeito busca soluções individuais para situações sociais. Nos conflitos sociais, o sujeito atribui as causas às ações ou a suas capacidades (ou incapacidades) individuais na tentativa insólita de administrá-las ou resolvê-las. Caso não possuam capacidades para lidar com as condições e as consequências de dadas situações, a angústia social decorrente resulta em sentimentos de autoculpabilização.

O terceiro e último *locus* de causalidade indicado pela Teoria da Atribuição define como origem das causas dos acontecimentos os eventos resultantes das ações de outros grupos ou indivíduos, ou seja, da convicção de que situações de angústia social são resultantes das ações de certos grupos ou indivíduos. Tal convicção permite aos sujeitos acreditarem na potencialidade das ações individuais ou coletivas contra os autores da situação de angústia social como instrumentos eficazes na promoção da mudança social e consequente superação da angústia social. Nesta terceira possibilidade de atribuição da origem social encontramos os motivos que permitem o sujeito tornar-se ator social mudando sua própria vida e a vida dos outros frente às contradições de sua realidade.

Sentimentos de justiça e injustiça constituem a dimensão da consciência política que compreende as formas como os arranjos sociais em termos de sentimentos de reciprocidade social entre os atores são considerados pelo sujeito. Baseando-se no conceito de justiça social de Moore (1987), Sandoval afirma que ela é "a expressão de sentimentos de reciprocidade entre obrigações e recompensas. [...] Sempre que os indivíduos acreditarem que o equilíbrio nas relações de reciprocidade se virou contra eles, esta ruptura da reciprocidade será compreendida como injustiça" (SANDOVAL, 2001, p. 189).

O que constitui uma relação equilibrada de reciprocidade e o modo como o sujeito percebe a violação dessa relação são processos sócio-históricos complexos. Certamente, uma grande parte dos critérios para medir noções de reciprocidade é histórica e contextualmente determinada. Quando estes sentimentos de reciprocidade deixam de existir por alguma razão ou foram violados, emerge uma situação injusta, provocando o descontentamento coletivo e o subsequente protesto. É comum notar que todas as reivindicações dos movimentos sociais se dão contra uma situação de injustiça. Por conseguinte, observamos que quando as pessoas se referem à sua participação em movimentos sociais aparecem embutidas algumas referências às noções de injustiça que são utilizadas para legitimar suas reivindicações e responsabilizar os adversários.

A *vontade de agir coletivamente* é uma dimensão mais instrumental, que corresponde à percepção do indivíduo sobre as condições organizacionais e contextuais dadas para ele participar. A avaliação do sujeito dessas condições pauta sua decisão de participar em ações que buscam corrigir injustiças ou conquistar novos direitos. Essa dimensão encontra como base teórica os estudos de Bert Klandermans (1992). O autor propõe três aspectos que condicionam a participação coletiva.

O primeiro aspecto foca a relação custo/benefício da manutenção ou não da lealdade para com outros membros de seu grupo. Essa escolha tem caráter determinante na tomada de decisão por parte do sujeito quanto a participação ou não em movimentos sociais ou ações coletivas. Lemos em artigo publicado em 1989 por Sandoval: "[...] Considerando aspectos lógicos do não participar, e dizer pensando racionalmente em termos de custos e benefícios relacionados ao ato de participar politicamente, pode-se dizer que as pessoas seriam mais predispostas a não participar do que ao contrário" (p. 62). No entanto, motivado pelos amigos, parentes, colegas etc., com um reconhecimento de laços sociais de solidariedade, o indivíduo se convence a participar junto com seus pares.

O segundo aspecto se refere especificamente aos gastos percebidos ou à perda de benefícios materiais que resultam do envolvimento do sujeito em movimentos sociais. Partindo da mesma lógica do "Dilema do Prisioneiro" encontramos o chamado "Dilema da Participação Coletiva" (HARDIN, 1982; SHUBIK, 1970; OLSEN, 1999). Esse outro dilema ilustra "a problemática da participação dos indivíduos nos movimentos sociais da óptica dos custos e benefícios que uma pessoa de camada popular possa ter como resultado de participar ou não participar em um movimento social" (SANDOVAL, 1989, p. 64).

O terceiro aspecto diz respeito aos riscos percebidos na participação em ações coletivas e nas condições em que se dá tal oportunidade. Essa avaliação do sujeito serve para que ele pese a possibilidade de o movimento social implementar as ações coletivas propostas e as consequências sofridas pelos participantes por causa de seu engajamento político.

Tanto esta como a próxima dimensão da consciência política encontram subsídios em trabalhos de teóricos racionais (OLSON, 1999) assim como de outros enfoques (KLANDERMANS, 1992) que estudaram os determinantes da participação coletiva. Sandoval ressalta que, em ambas as dimensões, as decisões que os sujeitos tomam, individual ou coletivamente, relativas à sua participação em um movimento social, são frutos de escolhas informadas e significadas que influenciam a participação e o compromisso dos sujeitos com o movimento social. Segundo o autor:

> estas escolhas são informadas e significadas pelos indivíduos por meio de: suas identidades coletivas; suas crenças societais, valores e expectativas em relação à sociedade; seus sentimentos de eficácia política; suas percepções de interesses próprios e de adversários que confrontam; e, por fim, dos seus sentimentos de justiça/ injustiça (SANDOVAL, 2001, p. 190).

Metas e ações do movimento social referem-se ao grau com que os participantes percebem a correspondência entre as metas do movimento, as estratégias de ação do movimento e seus sentimentos de eficácia política, de injustiça e interesses. Esta dimensão analisa o grau de identificação existente entre as metas e ações empreendidas pelo movimento e suas lideranças em relação ao adversário em um determinado momento e os interesses materiais e simbólicos, os sentimentos de injustiças despertos nos sujeitos por esse adversário percebido. Importa nessa dimensão que as ações coletivas propostas pelo movimento social estejam dentro das expectativas do sentimento de eficácia política dos sujeitos. O trabalho de promover o emparelhamento entre as metas do movimento e as aspirações e capacidades de seus membros propiciam sérios desafios às lideranças e aos demais participantes do movimento. Esta dimensão diz respeito à forma com que os outros componentes da consciência política interagem com características de organização do movimento. Essa interação proporciona um ambiente *psicossocialmente* predisposto à ação coletiva.

4 A reformulação do modelo de consciência política à luz das emoções

A partir de 2000, começa a aparecer entre alguns pesquisadores de movimentos sociais uma preocupação com a falta de atenção ao papel que as emoções têm no processo de participação em ações coletivas dos movimentos sociais. Corretamente podemos dizer que a participação em movimentos sociais é a forma de comportamento político mais emotivo entre a grande variedade de maneiras de participar na arena política de uma sociedade. Sem dúvida alguma, debates, confrontos e mobilizações de rua vividos pelas pessoas são acontecimentos geradores de emoções e provocam sentimentos emotivos de experiências passadas. Sendo assim, é de se estranhar que pesquisadores tenham, até o momento, em grande medida, ignorado a importância que as emoções e os sentimentos emotivos jogam no processo de conscientização e mobilização para ações coletivas de protesto.

James M. Jasper no seu livro *The Art of Moral Protest* (1997) traz para o palco analítico uma discussão relacionando cultura de protesto, biografia de militância e emoções como elementos-chave na análise de movimentos sociais. Analisando diferentes formas de participação nos movimentos sociais norte-americanos dos anos de 1960 e de 1970, Jasper identifica como atividades culturais e ações coletivas provocam emoções que caracterizam a experiência de viver o movimento social. Jasper argumenta que essas emoções contribuem para a criatividade dos movimentos sociais. O autor também realiza uma análise sobre a presença das emoções nas biografias de participantes de movimentos sociais, apontando o papel-chave que emoções tiveram em impulsionar indivíduos às ações de protesto.

Depois dessa primeira publicação, os pesquisadores Jeff Goodwin, James Jasper e Francesca Polletta organizaram uma coletânea, *Passionate Politics: Emotions and Social Movementes* (2001), reunindo trabalhos de pesquisadores de diferentes enfoques teóricos que apresentaram noções iniciais de como, segundo seus referenciais teóricos, as emoções impactam a participação nos movimentos sociais. Nessa antologia, podemos apreciar ensaios e pesquisas de estudiosos com diferentes enfoques teóricos discutindo como cada perspectiva teórica sobre emoções pode contribuir para aproximar a problemática das emoções com enfoques sobre conscientização (*consciousness raising*).

No entanto, esses enfoques norte-americanos na análise das emoções se mantêm dentro da perspectiva analítica dos *frames*. Os *frames* e as emoções, geralmente, são analisados como dois processos mentais separados que são simultaneamente estimulados pelos acontecimentos dos movimentos sociais. Assim, não há nenhuma perspectiva de entrelaçar as dinâmicas sociocognitiva e emotiva numa análise integrada do processo de conscientização. Sendo assim, vemos abordagens que fragmentam os processos de conscientização apenas agregando uma outra faceta, o emotivo, ao esquema predominante de análises de *frames*.

Frente à necessidade conceitual e analítica de pensar os papéis que emoções desempenham no processo de conscientização de pessoas especificamente no contexto de movimentos sociais e com o desenvolvimento de experiências de pesquisa usando a versão de 2001 do Modelo de Consciência Politica, Sandoval (2005) apresentou uma reformulação do Modelo de Consciência Política contemplando essa integração das emoções e dos sentimentos emotivos no processo de conscientização dimensionado pelas dimensões constitutivas do modelo original.

Como base dessa reformulação, Sandoval parte do pressuposto de que emoções têm um papel funcional e chave na formação da consciência política. Para o autor, as emoções emergem das experiências vividas dos indivíduos como forma biopsicológica de marcar as experiências na memória da pessoa. Sendo as emoções consequências das experiências. As pessoas relembram em sentimentos emotivos aquelas emoções vivenciadas durante as experiências. A partir da junção de sentimentos emotivos com as lembranças de experiências específicas, o indivíduo mapeia suas vivências passadas, as quais são relembradas na medida em que a pessoa resgata de sua memória, por meio de sentimentos emotivos, acontecimentos passados que influenciam o processo de conscientização no presente (TURNER, 2005).

Por essa razão, Sandoval (2005) entende que sentimentos emotivos cumprem quatro funções-chave na predisposição de engajamento num movimento social. Essas funções-chave são: 1) sentimentos emotivos atribuem significância e relevância às pessoas e às experiências do passado do indivíduo; 2) sentimentos emotivos afetam o processo de conscientização influenciando a retenção seletiva na memória de eventos, experiências e pessoas do passado que ganham significados pelas emoções; 3) os sentimentos emotivos impactam a sociabilidade entre as pessoas na medida em que influenciam o desejo de se agrupar ou se agregar a outras pessoas ou de não desejar agregar-se ou desagregar-se de algumas pessoas ou grupos; 4) os sentimentos emotivos impactam na disposição do indivíduo de agir individual ou coletivamente em parte como consequência de significados emotivos atribuídos anteriormente a eventos, conteúdos ou pessoas.

Assim, essas funções nos levam a entender que as emoções e seu resultado, os sentimentos emotivos, fazem parte integral do processo de conscientização na medida em que auxiliam no resgate da memória de experiências passadas e, portanto, da história vivida de cada indivíduo. História essa que é um elemento no complexo processo de transformação qualitativa da consciência de cada pessoa (SANDOVAL, 2005).

Os sentimentos emotivos têm esse impacto na consciência devido ao fato de que as emoções e seus respectivos sentimentos emotivos têm certas propriedades relevantes para influenciar o processo de conscientização considerando as funções expostas anteriormente. Essas propriedades são apresentadas a seguir. Primeiro, sentimentos emotivos são simultaneamente significante e autossignificante. Quando uma pessoa atribui significado emotivo a algum fato, acontecimento ou pessoa, ao mesmo tempo está atribuindo a si mesma um significado correspondente de como agiu frente a esse fato. Segundo, sentimentos emotivos atribuem significados valorativos, positivos ou negativos, mas nunca são neutros (TURNER, 2005). A atribuição de significados com sentimentos emotivos em formas valorativas de negatividade ou positividade são de importância no caso de esses significados serem lembrados por sua relevância no universo simbólico da pessoa que é confrontada com situações semelhantes no presente e no futuro. Terceiro, os sentimentos emotivos também carregam significados através da intensidade do sentimento emotivo. Assim, significados com sentimentos emotivos mais contundentes são aqueles com cargas mais intensivas de emoção e mais impactantes no comportamento da pessoa no presente (SANDOVAL, 2005).

Um dos autores mais influentes com respeito a conceitualização das emoções e dos sentimentos emotivos é Robert Plutchik (2001). Sem poder aprofundar esse aspecto das emoções devido aos limites de espaço nesta publicação, entendemos que as emoções, seja pelas suas formas primárias ou pelas manifestações secundárias, têm um impacto inegável nas experiências das pessoas e consequentemente interferem nas maneiras pelas quais interpretam suas vivências ao longo da vida. Partimos dessa constatação para destacar a importância de incorporar de forma integrada as emoções no conceito de consciência política proposto no modelo de Sandoval.

Com essa finalidade, Sandoval reformulou o Modelo de Consciência Política eliminando do modelo *os sentimentos de injustiça* por entender que esses sentimentos fazem parte do conjunto de sentimentos emotivos que, de uma forma ou de outra, trazem significados adicionais aos conteúdos dos demais elementos da consciência política.

MODELO CONCEITUAL DA CONSCIÊNCIA POLÍTICA

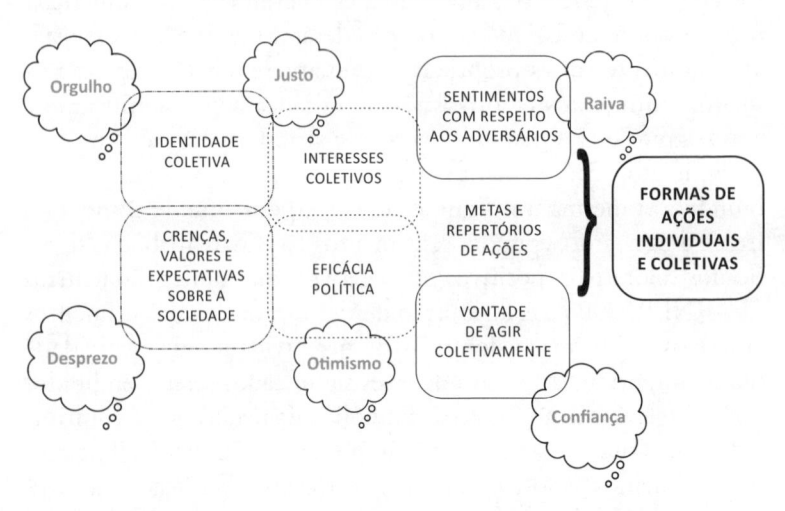

Sendo assim, os sentimentos de injustiça, assim como os outros sentimentos emotivos, podem estar presentes em qualquer um dos elementos da consciência. Entendemos que esses sentimentos emotivos agregam significado aos conteúdos elaborados por cada indivíduo em cada um dos elementos da consciência política. Esses conteúdos são uma combinação de representações sociais com os sentimentos emotivos que a pessoa traz de experiências passadas.

No diagrama do Modelo de Consciência Política reformulado, apresentado acima, pretendemos ilustrar a relação integrada dos conteúdos sociocognitivos com sentimentos emotivos em cada dimensão da consciência política. Sendo assim, cabe a cada pesquisador revelar os conteúdos sociocognitivos e seus significados emotivos para os indivíduos participantes dos movimentos sociais. Claro que, com finalidade didática, o diagrama apresentado acima não demonstra conteúdos reais para cada dimensão da consciência política, mas apenas exemplifica a presença de alguns sentimentos emotivos em cada dimensão. No caso acima, imaginamos uma consciência política positivamente orientada a agir num movimento social.

5 Considerações finais

Apresentadas sucintamente as dimensões da consciência política em 2001 e sua reformulação mais recentemente proposta por Sandoval pensamos que seja mister ressaltar que, segundo o autor: "O estudo da consciência política sem um exame cuidadoso da percepção de ações coletivas seria incompleto na medida em que falha em ligar visões societais a alternativas comportamentais possíveis e implícitas em situações específicas de relações de poder" (SANDOVAL, 1994, p. 68). O autor afirma que seus esforços para a construção de um modelo analítico que possibilite o estudo de ações coletivas, da perspectiva da consciência política resultam num "[...] enfoque integrado que analisa os fatores e os processos que determinam as formas e os motivos individuais de as pessoas agirem em situações de mobilização coletiva" (SANDOVAL, 1989, p. 68).

Ainda nesse sentido, pensamos que o modelo analítico proposto por Sandoval para o estudo da consciência política, enfoca determinantes internos e externos da dinâmica dos movimentos sociais que se referem às formas com as quais os sujeitos interpretam e aderem às ações coletivas e aos movimentos sociais. Assim, o modelo integra análises *macro* e *micro*ssociológicas, bem como psicossociológicas, evitando, assim, o viés do sociologismo ou do psicologismo. Em sua versão mais recente, apresentada nesta publicação, leva estudiosos a considerarem nessa perspectiva os conteúdos emotivos nas interpretações dos indivíduos. Essa abertura para pensar os sentimentos emotivos como peças-chave na atribuição de significado e na determinação do comportamento político permite incorporar o papel das emoções na análise dos determinantes da participação política, fator, até recentemente, ausente em nossos estudos.

Uma compreensão acerca do comportamento político de sujeitos só poderá ser alcançada de modo abrangente caso se efetue o cruzamento de determinantes emotivos, psicológicos e sociológicos. A separação de aspectos sociológicos de aspectos psicológicos e emotivos só pode ser feita de maneira artificial e resulta na fragmentação da análise desses fenômenos e consequentemente em um olhar parcial e incompleto. Para Salvador Sandoval:

> Privilegiar um aspecto sobre o outro seria distorcer a realidade e truncar o esforço de conhecimento científico, uma vez que o fenômeno se dá na interseção entre os fatores estruturais, as relações sociais interativas, as visões de mundo com seus preconceitos de fundo cultural e as reflexões conscientes de custos e benefícios de participar (SANDOVAL, 1989, p. 68).

Neste sentido, o modelo analítico de estudo da consciência política proposto por Sandoval oferece um recurso analítico consistente para a pesquisa da participação política, servindo como ferramenta conceitual para estudos de conscientização política, bem como para a atuação daqueles que se dedicam a incentivar a participação em ações coletivas.

Para finalizar, não poderíamos deixar de destacar que o modelo de Sandoval traz em si mesmo outro olhar sobre os estudos sobre movimentos sociais realizados pela psicologia política, visto que ele mesmo é fruto do diálogo entre perspectivas psicossociais, politológicas, sociológicas e historiográficas acerca dos movimentos sociais enquanto fenômeno político. Desde que o modelo foi usado pela primeira vez (SANDOVAL, 2001) para a análise dos movimentos sociais como uma alternativa integradora das diferentes faces dos movimentos sociais, muitos foram os autores que optaram pelo uso desse referencial.

A partir dele, iniciou-se um deslocamento de estudos que, geralmente, faziam leituras dos movimentos sociais que os reduzia a um aspecto particular como, por exemplo, a identidade ou a oportunidade, o que resultava em uma visão incompleta do fenômeno político. Como apontam estudos de autores como: Alves (2014); Ansara (2008); Azevedo (2011, 2012); Silva (2002a, 2002b, 2003, 2005, 2007, 2008); Silva e Barboza (2005); Pudenzi (2014); Riba Hernandez (2014); Costa (2008); Costa (2012); Reck (2005); Souza (2012); Costa (2011); Joaquim (2013); Palassi (2004, 2011); Ferro (2014); Luconi (2011) apenas para citar alguns.

O Modelo de Consciência Política foi desenvolvido com a perspectiva de atingir duas finalidades importantes na análise da participação nos movimentos sociais. Primeiro, as deficiências que as abordagens de análise de *frames* usadas por Klandermans (1997), Gamson (1992a), Benford e Snow (2000) e outros norte-americanos e do enfoque baseado nos *frames* da consciência oposicional proposto por Mansbridge (2001). Chama atenção o quão pouco essas abordagens são fundamentadas nas contribuições da psicologia social ao estudo da participação. Assim, o modelo foi desenvolvido com a finalidade de desenvolver uma abordagem realmente baseada nas contribuições das ciências sociais e aperfeiçoar nossas análises sobre as bases psicossociais da participação e, ao mesmo tempo, ampliar o diálogo entre as diversas ciências sociais que estudaram os movimentos sociais.

Ao mesmo tempo, o Modelo de Consciência Política tem como objetivo oferecer aos profissionais, pesquisadores e ativistas de movimentos sociais um recurso analítico para diagnosticar a disposição da consciência política de participantes de algum movimento social tanto para fins analíticos acadêmicos como para intervir nos processos de conscientização no decorrer de alguma mobilização.

A realidade dos movimentos sociais deveria ser analisada levando em consideração, também, os olhares dos diversos participantes de modo a permitir uma compreensão melhor desses fenômenos complexos que chamamos processos de participação política em que sujeitos agem individual e coletivamente. Certamente, o Modelo de Consciência Política, discutido neste trabalho, ainda será testado em mais pesquisas de campo e, com isso, sempre há possibilidade de contribuir para o seu aperfeiçoamento e a sua reformulação, assim como acrescentar novos conhecimentos para o avanço do desenvolvimento da Psicologia Política dos Movimentos Sociais.

Referências

ALMEIDA, M.A.B. & CORRÊA, F. (2012*)*. Teorias dos Movimentos Sociais e Psicologia Política. *Psicologia Política*, 12 (25), p. 549-569.

ALMEIDA, M.A.B.; SILVA, A.S. & CORRÊA, F. (2012). *Psicologia Política*: debates e embates. São Paulo: Each [Disponível em http://each.uspnet.usp.br/edicoes-each/psicologia_politica.pdf].

ALVES, F.A.G. (2014). *Consciência social e relações de trabalho*. Curitiba: Juruá.

ANSARA, S. (2008a). Memória política: construindo um novo referencial teórico na Psicologia Política. *Psicologia Política*, 8 (15), p. 31-56.

_____ (2008b). *Memória política, repressão e ditadura no Brasil*. Curitiba: Juruá.

_____ (2000). *Repressão e lutas operárias na memória coletiva da classe trabalhadora em São Paulo*. São Paulo: PUCSP [Dissertação de mestrado].

AZEVEDO, M.L.R. (2012). Um estudo da consciência política de jovens universitários. *Eccom*, 3 (6).

_____ (2011). *A participação política dos alunos das universidades particulares do Vale da Paraíba, São Paulo*. São Paulo: PUC-SP [Tese de doutorado].

BENFORD, R.D. & SNOW, D.A. (2000). Framing Processes and Social Movements: An Overview and Assessment. *Annual Review of Sociology*, 26, p. 611-639.

CANTRIL, H. (1941). *The Psychology of Social Movements*. Chicago: Transaction.

COSTA, G.B. (2012). *Consciência, participação e negociação* – Uma leitura psicopolítica do processo de produção do Plano de Manejo da APA Várzea do Rio Tietê. São Paulo: USP [Dissertação de mestrado].

COSTA, G.P. (2008). *Cidadania e participação:* impactos da política social num enfoque psicopolítico. Curitiba: Juruá.

COSTA, M.C.O. (2011). *Integrando e capacitando a juventude rural no Brasil* – O caso dos jovens do Movimento dos Pequenos Agricultores do Estado do Espírito Santo. Campinas: Unicamp [Tese de doutorado].

DOMINIC, A. & HOGG, M.A. (1998). *Social Identifications:* A Social Psychology of Group Relations and Group Processes. Londres: Routledge.

FERRO, R.J. (2014). *"Vamos lá falar"* – Um estudo psicopolítico de percepções sobre o fenômeno da corrupção em Moçambique. São Paulo: USP [Dissertação de mestrado].

GAMSON, W.A. (1992a). *Talking Politics*. Londres: Cambridge University Press.

_____ (1992b). The Social Psycology of Coletive Action. In: MORRIS, A.D. & McCLUG MUELLER, C. (orgs.). *Frontiers in Social Movement Theory*. New Haven: Yale University Press.

GOFFMAN, E. (1986). *Frame Analysis:* An Essay on the Organization of Experience. Nova York: Harper and Row.

GOODWIN, J.; JASPER, J.M. & POLLETTA, F. (2001). *Passionate Politics:* Emotions and Social Movements. Chicago: University of Chicago Press.

HARDIN, R. (1982). *Collective Action*. Baltimore, MD: Johns Hopkins University Press.

HELLER, A. (2001). *O cotidiano e a história*. Rio de Janeiro: Paz e Terra.

HEWSTONE, M. (1989). *Causal attribution:* From cognitive processes to collective beliefs. Cambridge, MA: Basil Blackwell.

JASPER, J.M. (1997). *The Art of Moral Protest:* Culture, Biography and Creativity in Social Movements. Chicago: University of Chicago Press.

JOAQUIM, M.S. (2013). *Militantes de clubes de mães.* São Paulo: Clube de Autores.

KLANDERMANS, B. (1997). *The Psychology of Social Protest.* Londres: Blackwell.

_____ (1992*).* Mobilization and Participation: Social sychological expantion of the resource mobilization theory. *American Sociological Review*, 49, p. 583-600.

LE BON, G. (1895/1971). *La psychologie des foules.* Paris: PUF.

LUCONI, W. (2011). *No Lixo? Na Arte?* – Um estudo da consciência política dos sujeitos participantes em empreendimentos de economia solidária em Tangará da Serra. Unisinos [Dissertação de mestrado].

MANSBRIDGE, J.J. (2001). *Oppositonal Consciousness:* the Subjective Roots of Social Protest. Chicago: University of Chicago Press.

MELUCCI, A. (1996). *Challenging Codes.* Cambridge: Cambridge University Press.

_____ (1994). Que Hay de nuevo en los "Nuevos Movimientos Sociales. In: LARAÑA, E. & GUSFIELD, J. *Los Nuevos Movimientos Sociales:* de la ideología a la identidad. Madri: CIS.

MENDIOLA GONZALO, I. (2001). *Movimientos sociales y trayectos sociológicos:* hacia una teoría práxica y multidimensional de lo social. Bilbao: Universidad del País Vasco.

MONTERO, M. & DORNA, A. (1993). La psicología política: una disciplina en la encrucijada. *Revista Latinoamericana de Psicología*, 25 (1)

MOORE, B. (1987). *Injustiça:* a base social da obediência e revolta. São Paulo: Cortez.

OLSEN, M. (1999). *A lógica da ação coletiva.* São Paulo: Edusp.

PALASSI, M.P. (2011). *Ações coletivas e consciência política no mundo do trabalho:* dilemas subjetivos da participação nos processos de privatização. Curitiba: Juruá.

_____ (2004). *Privatização!: uma solução problemática* – O impacto do movimento (anti)privatização na participação dos trabalhadores em ações coletivas. São Paulo: PUC-SP [Tese de doutorado].

PLUCHIK, R. (2001). The Nature of Emotions: How emotions have deep evolutionary roota, a fact that may explain their complexity and provide tools for clinical practice. *American Scientist*, 89.

PRADO, M.A.M. (2001). Psicologia política e ação coletiva. *Psicologia Política*, 1 (1), p. 149-172.

PUDENZI, A.G. (2014). *Protagonismo, feminino e consciência política* – Uma análise do papel da economia solidária na ação política da União Popular de Mulheres de Campo Limpo e Adjacências. São Paulo: USP [Dissertação de mestrado].

RECK, J. (2005). *A consciência política dos cooperados do MST:* o caso da Coopac – Campo Verde, MT. Campinas: Unicamp [Tese de doutorado].

RIBA HERNÁNDEZ, E. (2014). *Alianças transfronteiriças – Memória política de ações de solidariedade na Costa Rica no contexto da ditadura militar somozista.* São Paulo: USP [Dissertação de mestrado].

SABUCEDO, J.M. (2000). La construcción social de la Psicología Política. *Suma Psicológica*, 7 (1), p. 1-14.

SANDOVAL, S.A.M. (2005). *Emoções nos movimentos sociais* [Trabalho apresentado na mesa-redonda Emoções, Engajamento e Movimentos Sociais. 13º Encontro Nacional da Abrapso (Associação Brasileira de Psicologia Social). Belo Horizonte: UFMG, 11-15/11/2005].

_____ (2001). The crisis of the Brazilian labor movement and the emergence of alternative forms of working-class contention in the 1990s. *Psicologia Política*, 1 (1).

_____ (1998). Social Movements and Democratization: The Case of Brazil and the Latin Countries. In: GIUGNI, M.G.; McADAM, D. & TILLY, C. (org.). *From Contention to Democracy*. Nova York: Rowman and Littlefield.

_____ (1997a). O comportamento político como campo interdisciplinar de conhecimento: a reaproximação da Sociologia e da Psicologia Social. In: CAMINO, L.; LHULLIER, L. & SANDOVAL, S. (orgs.).

Estudos sobre comportamento político: teoria e pesquisa. Florianópolis: Letras Contemporâneas.

_____ (1997b). Social Movements and Democracy in Brazil: patterns of popular contention and their impact on the process of redemocratization, 1977-1989. *Working Paper*, n. 234. Nova York: New School for Social Research/Center for Studies of Social Change.

_____ (1994). Algumas reflexões sobre cidadania e formação de consciência política no Brasil. In: SPINK, M.J. (org.). *A cidadania em construção:* uma reflexão transdisciplinar. São Paulo: Cortez.

_____ (1989). Considerações sobre aspectos microssociais na análise dos movimentos sociais. *Psicologia & Sociedade*, 4 (7), p. 61-72.

SANDOVAL, S.A.M.; HUR, D.U. & DANTAS, B.S.A. (orgs.) (2014). *Psicologia Política:* temas atuais de investigação. Campinas: Alínea.

SASS, O. (1992). *Crítica da razão solitária* – A psicologia social de George Herbert Mead. São Paulo: PUC-SP [Tese de doutorado].

SHUBIK, M. (1970). Game Theory, behevior and the paradox of the prisoner's dilemma. *Journal of Conflict Resolution*, 14.

SILVA, A.S. (2012a). *Psicologia Política, Políticas Públicas e Movimentos Sociais*. São Paulo: USP [Tese de livre-docência].

_____ (2012b). A Psicologia Política no Brasil: lembranças e percursos sobre a constituição de um campo interdisciplinar. *Psicologia Política*, 12 (25), p. 409-425.

_____ (2008). *Luta, resistência e cidadania* – Uma análise psicopolítica dos movimentos e paradas do Orgulho LGBT. Curitiba: Juruá.

_____ (2007). A identificação de adversários, de sentimentos antagônicos e de (in)eficácia política no MST paulista. *Estudos e Pesquisas em Psicologia*, 7 (1).

_____ (2005). Los sentimientos de injusticia y la voluntad de actuar colectivamente en la construcción de la conciencia política de trabajadores(as) rurales sin tierra. *Resonancias*, 1 (1), p. 153-167. Santiago do Chile.

_____ (2003). Consciência política, identidade coletiva, família e MST nos estudos psicossociais. *Psicologia Política*, 3 (5), p. 55-88. São Paulo.

_____ (2002a). *Acampados no "Carlos Marighella"* – Um estudo sobre a formação da consciência política entre famílias do Movimento dos Trabalhadores Rurais Sem Terra no Pontal do Paranapanema, SP. São Paulo: PUC-SP [Dissertação de mestrado].

_____ (2002b). O lugar das crenças e valores societais na formação da consciência política entre trabalhadores e trabalhadoras rurais sem terra. *Interações*, 7 (14), p. 69-90. São Paulo.

_____ (2001). Consciência e participação política: uma abordagem psicopolítica. *Interações* 6 (12), p. 69-90.

SILVA, A.S. & BARBOZA, R. (2005). Diversidade sexual, gênero e exclusão social na produção da consciência política de travestis. *Athenea Digital*, 8, p. 27-49.

SOUZA, L.V.S. (2012). *Consciência política e participação no Orçamento Participativo de Cachoeiro de Itapemirim no Período de 2009-2012.* Ufes [Dissertação de mestrado].

TAJFEL, H. (1983). *Grupos humanos e categorias sociais* – Estudos em Psicologia Social. Vol. II. Lisboa: Horizontes [Londres: Cambridge University Press, 1981].

_____ (1982). *Grupos humanos e categorias sociais* – Estudos em Psicologia Social. Vol. I. Lisboa: Horizontes [Londres: Cambridge University Press, 1981].

TILLY, C. (1978). *From Mobilization to Revolution.* Nova York: McGraw-Hill.

TOURAINE, A. (1966). *La conscience ouvriere*. Paris: PUF.

TURNER, J.H. & STETS, J.E. (2005). *The Sociology of Emotions*. Nova York: Cambridge University Press.

VILAS, X. & SABUCEDO, J.M. (2013). Novos Elementos na Psicologia Política dos Movimentos Sociais: a obrigação moral e o contexto. *Psicologia Política*, 13 (28), p. 437-452.

2

A dissipação da política no campo de estudos dos movimentos sociais

Marco Aurélio Máximo Prado

A trajetória do campo de estudos de protestos e dos movimentos sociais tem uma longa história na tentativa de abordar o inusitado dos protestos políticos que por vezes emerge em distintas sociedades na história. O fenômeno dos protestos e dos movimentos sociais inaugurou desde sempre as formas de desafio dos poderes instituídos, de mudança dos valores culturais, de criação de novas formas de sociabilidade e de comunicação e relação entre o povo, governos e as formas de governança.

Muitas mudanças institucionais e nas estruturas de formas de governar e participar nas decisões de uma sociedade estiveram antes sendo elaboradas e experimentadas através das mais variadas formas dos movimentos sociais e dos protestos (ALVAREZ; DAGNINO & ESCOBAR, 1998). Obviamente que nunca com o mesmo conteúdo ou processo articulatório, mas é possível perceber quantas mudanças de democratização da própria lógica das instituições chamadas democráticas foram antes inspiradas e experimentadas totalmente por práticas de movimentos sociais, protestos e ações coletivas no decorrer da história de muitas sociedades. Esse é um dos exemplos das capacidades de assembleias que um povo livre pode ter e que inaugurou muitas formas de decisões coletivas institucionalizadas. Por certo, esta passagem das formas de laboratórios experimentais das práticas sociais às vidas institucionais não significa uma simples passagem, mas sobretudo, uma reinterpretação das práticas antes livres e autônomas.

Os estudos científicos e as teorias dos movimentos sociais e protestos inauguraram assim um campo de preocupações e compreensões sobre o comportamento político, as redes de movimentos sociais, os comportamentos eleitorais, as configurações das opiniões públicas, as dinâmicas das ações coletivas e de protestos e suas identidades coletivas em formação.

Sua consolidação, apesar de ter início ainda no século XIX com os estudos sobre massas e comportamentos coletivos, veio de fato na segunda metade do século XX quando se institui como um campo científico próprio, com objetos delineados e com um conjunto de teorias e metodologias replicadas. Essa consolidação também está diretamente relacionada a uma série de protestos e movimentos sociais que durante o século XX marcaram a institucionalidade da democracia em diversos países.

Esse campo tem se alimentado de um conjunto de teorias bastante diversas (MUELLER, 1992), de epistemologias e procedimentos metodológicos variados e de inúmeras disciplinas científicas distintas, desde a sociologia, a psicologia social, a antropologia, a economia, a filosofia, as ciências políticas entre outras. A partir dessas fontes teóricas e provocado pelas insurgências políticas, o campo de estudos dos movimentos sociais e protestos constituíram uma perspectiva interdisciplinar (KLANDERMANS & STAGGENBORG, 2002) de pesquisas empíricas e teóricas relevantes para pensar não só a relação entre a estrutura social e os atores sociais, mas também as identidades coletivas (MELUCCI, 1994), as crenças e valores (SMELSER, 1962), as mudanças nas consciências individuais (SANDOVAL, 1989), os ciclos de protestos (TARROW, 1996) e as representações e constituição das minorias sociais (MOSCOVICI, 1895).

Além disso, os estudos sobre a constituição das dinâmicas das identidades coletivas após a emergência de movimentos por direitos civis e por valores identitários efervesceu ainda mais o campo de estudos e desenvolvimento teórico dos movimentos sociais fortemente calcado entre relações de pesquisadores e pesquisadoras localizadas nas universidades estadunidenses e europeias.

Algumas abordagens desse campo tornaram-se referências importantes para pesquisas no século XX (STAGGENBORG, 2011). O trabalho de Suzane Staggenborg (2001) intitulado *Social Movements* compilou com refinado cuidado as variadas abordagens que constituem atualmente esse campo. Desde os estudos de comportamentos coletivos e de massa (LE BON, 1995) e suas variações motivacionais (CANTRIL, 1948), passando pelas teorias de mobilização de recursos (McCARTHY & ZALD, 1994) e suas inovações de análises dos processos políticos (TARROW, 1996) até as conhecidas teorias dos chamados "novos" movimentos sociais (MELUCCI, 1994) que a partir da conceituação das identidades coletivas trouxeram um enfrentamento fundamental para romper com o hiato entre agência e estrutura tão criticado em inúmeros artigos e livros (SANDOVAL, 1989). O grupo de *Palo Center for Advanced Study in Behavioral Science* foi uma das expressões mais contundentes na segunda metade do século XX desse campo teórico. Se opondo às teorias anteriores de cunho mais psicológico e patologizadores dos protestos, o grupo do *Palo Center for Advanced Study* que tinha sido no passado dirigido por N. Smelser, trouxe um novo olhar para o campo dos movimentos sociais.

Apesar desse movimento, que configurou um campo teórico e analítico efervescente e denso, a problematização sobre o que vem a ser a política e suas definições permaneceram como uma questão silenciosa, embora ela em si seja estridente. O acúmulo de dados e informações qualitativas e quantitativas sobre protestos e movimentos sociais silenciou uma questão bastante barulhenta: O que se define como político nos atos de protestos e dos movimentos sociais? Qual a linha divisória que poderíamos sublinhar ao classificar algumas formas de assembleia como protestos e movimentos sociais políticos e outras não? Por que alguns atos coletivos que mudaram a forma de organizar as sociedades ocidentais nos finais do século XX não foram eleitos como classificatórios de movimentos sociais e protestos por parte dos pesquisadores?

Com estas e outras questões em mente é que o incômodo sobre o tema da política permaneceu fazendo ecos sonoros mesmo quando o silêncio sobre ela parece perdurar. Nas principais abordagens e análises sobre várias experiências de protestos e movimentos sociais produzidas a partir de um escrutínio bastante rigoroso do ponto de vista metodológico, um incômodo sobre os fundamentos da política pode ser observado (FLACKS, 2005). A pergunta provocativa colocada por Flacks (2005) em seu artigo pode sugerir o que aqui estamos a arguir: *Será que a prática de uma "ciência normal" colide com a dimensão moral dos estudos dos movimentos sociais?*

Não estamos aqui defendendo que o campo de pesquisas ignorou o fenômeno que fez com que o próprio campo emergisse e se consolidasse, muito pelo contrário, o que estamos arguindo é que as compreensões sobre política, desde a esfera institucional até a individual não problematizaram os termos da própria política, já que a política foi apreendida como expressão de sua própria empiria. Ou seja, noções sobre política já estavam prontas e modularam os olhares sobre vários fenômenos que foram estudados e considerados protestos importantes enquanto outros foram completamente desconsiderados pelo campo de estudos.

Parece, por um lado, bastante contraditório que um campo dedicado aos estudos das ações políticas tenha problematizado tão pouco os fundamentos da própria política, todavia por outro lado, percebe-se que a política se transformou na evidência empírica das ações e das lógicas institucionais (FLACKS, 2005). Nunca um campo teórico-analítico sistematizou tantos dados de protestos e de formas participativas, mas também nunca soubemos tão pouco das invenções de coletivos que não legitimados como atos políticos foram relegados historicamente pelo campo científico (PRADO & COSTA, 2009).

No entanto, esse ocultamento não se deu propositalmente, mas muito mais devido às concepções teóricas e epistêmicas sobre o político e a experiência subjetiva das ações coletivas e protestos. Ou seja, as noções de política permanecem ainda relativamente veladas nesse debate, mas não menos perturbadoras entre nós (FLACKS, 2005).

Nesse contexto é que problematizaremos exatamente que uma compreensão da política como dissenso e das formas de subjetivação política a partir das teses de Jacques Rancière (1996) nos brindaria uma oportunidade ímpar de trazer ao debate essa perturbação, que de forma silenciosa e discreta, tem limitado e estabelecido fronteiras nas análises desenvolvidas no campo das teorias dos movimentos sociais definindo o que vem a ser o ato do protesto cientificamente legítimo, portanto, deixando para um lugar invisível inúmeras práticas que não legitimadas pela ciência, lutam cotidianamente para refundar a própria política.

A visão que aqui se articula é que esses limites e fronteiras têm deixado de lado muitas cenas e experiências que mesmo não consideradas ações políticas à luz do campo teórico consolidado, ensejam na contemporaneidade mudanças nas formas de poder, nas formas de ser e de governanças de muitas sociedades. Como é o caso de muitos movimentos sociais que outrora foram entendidos como meramente culturais pelas tradições de análise da cultura e dos protestos sociais (BUTLER, 2000). Ou mesmo, formas de protestos que foram, na visão de teóricos da época, considerados movimentos de massa irracionais, no entanto, ensejavam alterações nas hierarquias de poder, caso da análise de alguns teóricos da conhecida "psicologia das massas" sobre a Comuna de Paris (PRADO, 2005).

Desenvolverei aqui este argumento a partir da tese de Jacques Rancière de que só há política quando aqueles não contados para nada, portanto, aqueles sem títulos, desorganizam a aritmética da equação da riqueza e a geometria da equação do poder do conhecimento. Importante ressaltar aqui que a lógica aritmética e geométrica embora frutos da mesma racionalidade, aquela da gestão dos poderes e da população, são lógicas distintas. A aritmética corresponde à lógica da oligarquia – o poder da riqueza – e a organização geométrica à lógica da aristocracia – o poder da nobreza e do *status* (RANCIÈRE, 1996).

A questão que ora se coloca como substantiva aqui é que estamos vivendo na disputa de duas racionalidades: a racionalidade agregativa das partes e a racionalidade do escândalo democrático (RANCIÈRE, 2009). Não que sejam separadas, mas se organizam a partir de lógicas totalmente distintas.

Investigar as duas racionalidades da política e o momento de substituição de uma pela outra na atualidade, permitirá trazer ao debate os termos da política e da subjetivação coletiva, no intuito de problematizar o campo das teorizações dos movimentos sociais e dos protestos.

A primeira, sem nenhuma ordem cronológica, a da racionalidade da gestão, é aquela que cria os processos de gestão sobre os corpos e as suas funções em determinada sociedade, permitindo assim que os princípios hierárquicos se corporifiquem, dinamizem e se reproduzam como processo de dominação legitimado, aqueles que implicam a subordinação consentida pelas posições assimétricas aparentemente interdependentes. Esta racionalidade da política, a da gestão, é sempre aritmética e/ou geométrica, pois nesta visão apresentada por Jacques Rancière, as sociedades se reproduzem historicamente através das formas de dominação, através das lógicas da *arkhé*, dos títulos representativos das e nas hierarquias.

> A política não advém naturalmente nas sociedades humanas. Advém como um desvio extraordinário, um acaso ou uma violência em relação ao curso ordinário das coisas, ao jogo normal da dominação. Esse jogo normal é a transição de um princípio de dominação a um outro [...]. A política advém nas sociedades como uma ruptura no processo de passagem de uma lógica de dominação a outra, do poder da diferença no nascimento ao poder indiferente da riqueza (RANCIÈRE, 1996, p. 371).

O autor aponta, a partir do pensamento político clássico, os sete títulos da *arkhé*, seis que correspondem às titularidades hierarquizadoras e um que é um título sem título, portanto, um título que não é hierárquico uma vez que é um título sem titularidade e fundamento. Essas titularidades estão basicamente dispostas no poder do conhecimento, da riqueza ou da nobreza (CHAMBERS, 2010). As titularidades correspondem a certas ordens da natureza de quem governa e quem é governado. Das relações entre o poder dos pais sobre os filhos, dos velhos sobre os jovens, dos mestres sobre os ignorantes e dos ricos sobre os pobres.

> Todos esses títulos preenchem as duas condições requeridas: primeiro, definem uma hierarquia de posições; segundo, definem-na em continuidade com a natureza – por intermédio das relações familiares e sociais no caso dos primeiros, direta no caso dos dois últimos (RANCIÈRE, 2014).

Uma característica importante da racionalidade política da gestão é a criação de processos conflitivos de consensos, uma vez que sem consenso não há legitimação das titularidades, portanto, esta lógica necessita produzir consentimentos entre nós, convocar a nós mesmos como população para que participe e aprenda a própria gestão dos corpos, seus lugares nas hierarquias e suas funções na sociedade.

Esta racionalidade política da gestão não tem nenhum valor pejorativo, não é má nem boa, ela é simplesmente uma condição da própria política, uma forma de pensar, sentir e agir a própria política como uma forma complexa e participativa de gestão dos modos de vida. Ela se materializa como um conjunto de normas sociais que produz modos de vida, modos de relação e modos do sensível e da percepção do mundo social.

Esta racionalidade dos modos de vida não só cria e reproduz as formas hierárquicas para os corpos como também produz os próprios modos de ser dos sujeitos, determinando funções e lugares para cada corpo – facilmente podemos chamar aqui o exemplo das hierarquias sexuais e de gênero que ilustra os três elementos: a hierarquia, a função e o lugar –, mas esta racionalidade própria da gestão precisa ser sustentada através da convocatória e dos consentimentos de todos nós por processos de legitimação e um dos mais importantes processos de legitimação da atualidade, sem dúvida, pode ser alçado pelo poder do conhecimento, pelos mecanismos científicos de legitimação e de construção de visibilidades, verdades e aparições legítimas no público.

Escreve Rancière sobre esta racionalidade:

> ao conjunto de processos pelos quais se operam a agregação e o consentimento das coletividades, a organização dos poderes e a gestão das populações, a distribuição dos lugares e das funções e os sistemas de legitimação dessa distribuição. Proponho então dar a este conjunto de processos outro nome. Proponho chamá-lo de polícia, ampliando, portanto, o sentido habitual dessa noção, dando-lhe também um sentido neutro, não pejorativo, ao considerar as funções da vigilância e de repressão habitualmente associadas a essa palavra como formas particulares de uma ordem muito mais geral que é a da distribuição sensível dos corpos em comunidade (RANCIÈRE, 1996, p. 372).

Voltando à ilustração das hierarquias sexuais e de gênero através das quais nossas leituras da realidade, espontaneamente, são estruturadas, muitos diriam que os corpos das travestis e de pessoas transexuais são considerados menos humanos do que o restante da humanidade, são corpos não aceitáveis no âmbito dos consentimentos normativos, são corpos monstruosos, montados, falsos e patológicos nesta perspectiva. Portanto, as hierarquias funcionam como uma lente de leitura e de sensação de nós mesmos, pois são sutilezas do reconhecimento social, interpessoal e institucional.

Portanto, faz-se mister um profundo debate sobre como as normativas sociais no âmbito hierárquico criam realidades para serem vividas e outras para não serem legitimadas. As hierarquias sociais desse modo se materializam nas normas sociais que por sua vez constituem formas de vida, de subjetivação e de percepção da vida social.

> Ainda que as normas de gênero nos precedam e atuem sobre nós (este é um sentido de sua atuação), somos obrigados a reproduzi-las, e quando começamos, sempre involuntariamente, a reproduzi-las, algo sempre pode dar errado (e este é um segundo sentido de atuação). E, ainda, no curso dessa reprodução, a fragilidade da norma é revelada ou um outro conjunto de convenções culturais atua produzindo confusão ou conflito no interior de um campo de normas, ou, no meio de nossa atuação, outro desejo começa a governar e formas de resistência se desenvolvem, algo novo ocorre, diferentemente do que foi planejado (BUTLER, 2015, p. 31).

Mas para além dessa organização dos corpos em sociedade, a racionalidade da gestão precisa nos convencer e nos fazer sentir que assim mesmo funcionam as hierarquias, de modo que quanto menos elas aparecerem evidentes mais encontram forças para suas permanências. A polícia, portanto nos termos de J. Rancière, exige sua convocatória participativa para sua legitimidade. A organização das funções e lugares sociais estabelecem assim uma divisão do sensível e perceptível do mundo social.

Uma das formas de sua convocatória subjetiva é a criação dos processos de legitimação, que no caso das hierarquias sexuais e de gênero, historicamente, se constituíram por meio da ideologia do binarismo de gênero, das ciências sexuais e/ou o preconceito social.

No caso de nosso exemplo, historicamente temos disponível a ideia entre muitos grupos sociais de que o corpo travesti é um corpo deformado, sem direitos, não deve ser respeitado, pode ser apedrejado, morto, assassinado, é um corpo que, ao romper a norma da racionalidade da gestão, merece ser eliminado, é um corpo sem humano, sem cidadania.

Não por outro motivo, esse tipo de violência de gênero costumeiramente existente em países como o Brasil não é certificado como violência, dada a sua invisibilidade e aceitabilidade na cultura e nas instituições sociais. Ele representa algo que não corresponde às hierarquias sociais e às normas sociais consentidas.

Também poderíamos ser mais estratégicos e dizer que através do conhecimento científico, que desde sempre buscou provar que este corpo é um corpo patológico em um sujeito em desvio, aprendemos que é um corpo que merece terapêuticas corretivas porque ele imita artificialmente um corpo de mulher (este sim seria natural e original), assim ele merece correções, terapêuticas e acertos para que volte a ser um corpo no lugar certo, com sua função destinada no mundo da gestão.

Assim, este tipo de racionalidade política assume que os processos de legitimação são muito importantes para sua própria sustentação como racionalidade, pois são eles que criam um universo do sensível capaz de nos convocar com suas lentes hierárquicas a ler o mundo e se posicionar sobre ele ou a não ver um mundo que já não víamos como consequência do limite cognitivo do próprio preconceito formado como parte do sistema de legitimação (PRADO & MACHADO, 2012).

No entanto a gestão, ou melhor, a racionalidade da gestão como uma das racionalidades da política não é só brutal, ela pode também ser sensível e mais suave dado os tempos históricos em que há uma retórica em que os direitos devem, ao menos teoricamente, serem garantidos a todos, independente de suas categorizações.

Nós vivemos, desse ponto de vista, um momento onde esta racionalidade da gestão se altera entre a violência física e simbólica e a convocatória identitária do reconhecimento, entre a repressão contra os deslocamentos das funções e o convite a conferência e a participação moldada pelos processos já decididos, entre a morte dos corpos desalinhados das normas e a classificação categórica e científica, já que não existe organização social sem classificação da população, ou seja, não existe Estado sem governanças de nossos próprios corpos.

Esse movimento é que permite compreender e nomear esse processo cultural, institucional e analítico da dissipação e da substituição da política pela racionalidade da gestão e que encontra seu enquadramento muitas vezes no campo teórico de análise dos processos políticos, dos movimentos sociais e dos protestos.

Mas há outra racionalidade, outra que não é a da gestão, mas é a da política propriamente dita. Nesta racionalidade política, o que se estabelece é o dissenso com a gestão, aqui não são formas participativas adequadas dos microfones, racionalizadas, hierarquizadas, ao contrário, nesta outra forma de racionalidade o que se dá é a desorganização da anterior, é a desclassificação daquilo que foi classificável, é o desgoverno dos corpos e de suas funções, segundo Rancière (1996). Nas palavras do autor, essa é a desmedida democrática.

> A desmedida democrática não tem nada a ver com uma loucura consumista qualquer. É simplesmente a perda da medida com a qual a natureza regia o artifício comunitário através das relações de autoridade que estruturam o corpo social. O escândalo é o de um título para governar completamente distinto de qualquer analogia com aqueles que ordenam as relações sociais, de qualquer analogia entre a convenção humana e a ordem da natureza. É o de uma superioridade que não se fundamenta em nenhum outro princípio além da própria ausência de superioridade (RANCIÈRE, 2014, p. 56).

Aqui reside, portanto, a própria política, o ato que desorganiza a gestão e a reorganiza de forma a dar a palavra para aqueles corpos que nunca foram contados, não foram visíveis, foram tidos historicamente como fora da contabilidade dos governos. O ato desta razão política não exige ser contado simplesmente, não exige que uma certa gama dos direitos seja dividido, mas exige sim que o próprio direito seja inventado, que as formas de poder e de dominação sejam alteradas e que a igualdade seja o princípio inaugural.

> A política é a prática na qual a lógica do traço igualitário assume a forma do tratamento de um dano, onde ela se torna o argumento de um dano principal que vem ligar-se a tal litígio determinado na divisão das ocupações, das funções e dos lugares (RANCIÈRE, 1996, p. 47).

Portanto, podemos pensar que enquanto a gestão é permanente, a política é rara, enquanto a gestão é participação para o consenso, a política é ato de dissenso, enquanto a gestão é a condição do curso normal das sociedades, a política é o seu desvio, pois apela para a verificação, para a conferência da igualdade entre todos nós. Enquanto a racionalidade da gestão produz a dominação muitas vezes sem força, mas sempre com convocatórias participativas, a política às vezes exige a força, a indignação, o rompimento das regras do jogo, pois o que se disputa não é o que o jogo poderá dar ao vencedor, mas sim a própria forma de jogar, pois pretende-se, na racionalidade da política, propriamente dita, reorganizar os parceiros do jogo.

O mundo da política, nesta visão, é um mundo polêmico no qual se reatualiza a igualdade entre todos nós, mesmo na pouca igualdade possível. É um mundo que não está nas leis e nas instituições. Nas palavras de Jacques Rancière é a torção constitutiva da própria política (RANCIÈRE, 1996).

A política nesses termos pode ser entendida como um processo de subjetivação política. Um processo de deslocamento das teias identitárias do corpo social. A compreensão de uma ontologia negativa do sujeito político joga aqui conceitualmente um papel fundamental.

Por sujeitos políticos, entende-se, a partir da proposição de Rancière (1996) que estes não correspondem à transparência como narradores únicos da história, nem à temporalidade como sujeitos privilegiados da mudança, ou a uma capacidade de razoabilidade consentida tal qual as identidades reguladas. Sujeitos são aqui emergentes do litígio. São, segundo o autor, enunciados dos não contados, discursos onde anteriormente só escutávamos ruídos, vozes onde só se ouviam barulho.

Sujeitos em ato, como capacidades pontuais e locais de construir, em sua universalidade virtual, aqueles mundos polêmicos que desfazem a ordem policial. Portanto, são sempre precários, sempre suscetíveis de se confundir de novo com simples parcelas do corpo social que pedem apenas a otimização da sua parte (RANCIÈRE, 1996, p. 378).

Sujeitos políticos portanto estariam em um certo deslocamento entre o corpo social e a invenção prática de si mesmos. São afastamentos das próprias identidades coletivas e individuais que com a distância dos sistemas de legitimação permitem reinventar-se a si mesmo e ao mundo. Não são líderes, vanguardas ou ativistas espontâneos, mas são experiências contextualizadas, localizadas que desorganizam as hierarquias, as funções e os lugares sociais de forma a verificar o quê da igualdade temos nós e o dano que as hierarquias produziram no interior dos processos de dominação. Não são identidades, mas são, antes de tudo, processos de desindentificação e passagens entre um mundo consentido e a virtualidade de um mundo a ser construído.

A subjetivação política é uma operação simbólica que diz respeito a uma identidade constituída. Portanto, ainda se trata de uma forma de simbolização. Esta se constrói sobre a base de certa consistência social que trabalha a partir do interior. Tomando o que denomino de movimento operário ou proletariado, percebe-se com facilidade que se tem apenas um nome para duas coisas: primeiro, a existência de uma massa de gente pertencente a uma mesma condição, que já está compreendida em uma simbolização da ordem coletiva; segundo, a desidentificação, que transforma o sentido mesmo da simbolização, ao fazer dela não a designação de uma identidade coletiva, mas sim a de uma capacidade coletiva para construir um novo comum (RANCIÈRE, 2014b, p. 168-169).

Essas ideias aqui corroboradas podem auxiliar a uma compreensão do movimento que estamos vivendo em muitas sociedades atuais. Uma negação dos conflitos e dos dissensos através das mais variadas moralizações dos atos políticos e uma emergência de sentimentos de ódio e aversão a muitas lógicas da aparição dos sujeitos políticos.

Esse movimento, esta é nossa hipótese aqui, em parte é consequência da dissipação das racionalidades da política. A dissipação é esse processo histórico que ao transformar elementos de uma racionalidade em outra, desperdiça a força do elemento que a produz.

A hipótese aqui argumentada é de que estamos vivendo esse processo que coloca a racionalidade da gestão como atos da política, desperdiçando, portanto, a capacidade dos sujeitos de simbolização dos lugares e das funções já marcados pelas hierarquias sociais. Portanto, fundamentar um conceito político capaz de organizar as lentes científicas para abordagens dos protestos nos parece oportunidade ímpar de avançar na escuta do ocultamento da própria política desfeita em formas de gestão.

Para o desenvolvimento dessa tarefa, a de escutar o estridente ocultamento desse debate, corroboro aqui o argumento contemporâneo de Jacques Rancière (1996), aquele de que há uma dissipação atual, e eu diria que esse argumento é analisador de sociedades como o Brasil, que tenta nos impor uma sensibilidade e uma racionalidade própria da dissimulação da política em gestão. Nas palavras de Rancière,

> se a política é um desvio singular do curso "normal" da dominação, isso quer dizer que está sempre ameaçada de se dissipar. Ora, a forma mais radical dessa dissipação não é o simples desaparecimento, é a confusão com o seu contrário, a polícia. O risco dos sujeitos políticos é confundir-se de novo com as partes orgânicas do corpo social ou com esse próprio corpo (RANCIÈRE, 1996, p. 378).

Portanto, assume espaço fundamental a lógica participativa, pois quanto mais a participação social se transforma numa condição da existência e legitimidade institucional das instituições de governança que convocam a participação a todo instante, mais se confundem sujeitos políticos e corpo social.

Essa dissipação revela-se pela troca sensível de uma racionalidade a outra que transforma o ato escandaloso – tal como nomeou Jacques Rancière – em processos regulatórios e identitários. O ato político é o processo de transformação da cena da rua em espaço público, o espaço agora não politizado segundo esta racionalidade.

um sujeito político não é um grupo que "toma consciência" de si, se dá voz, impõe seu peso na sociedade. É um operador que junta e separa as regiões, as identidades, as funções, as capacidades que existem na configuração da experiência dada, quer dizer, no nó entre as divisões da ordem policial e o que nelas já se inscreveu como igualdade, por frágeis e fugazes que sejam estas inscrições (RANCIÈRE, 1996, p. 52).

Essa dissipação vem participando de um fenômeno bastante ambíguo – o abandono da política como lugar de disputa e conflito e ao mesmo tempo emergência da política como ódio, aniquilação e eliminação. Circunscrever esse movimento de dissipação como um elemento analítico no campo de estudos dos movimentos sociais e dos protestos, poderia nos ajudar a escuta desse silêncio barulhento de um campo teórico que constituiu as políticas do protesto como um campo científico legítimo, mas não problematizou as fronteiras epistêmicas do que é a própria política.

Referências

ALVAREZ, S.; DAGNINO, E. & ESCOBAR, A. (1998). *Culture of Politics, Politics of Cultures:* re-visioning latin american social movements. Oxford: Westview.

BUTLER, J. (2015). *Notes toward a performative theory of assembly.* Cambridge: Harvard University Press.

_____ (2000). El marxismo y lo meramente cultural. *New Left Review*, 2, p. 109-121.

CANTRIL, H. (1948). *The Psychology of Social Movements.* Nova York: John Wiley & Sons.

CHAMBERS, S. (2010). Police and Oligarchy. In: DERANTY, J.P. (ed.). *Jacques Rancière* – Key concepts. Durham: Acumen.

FLACKS, D. (2005). A questão da relevância nos estudos dos movimentos sociais. *Revista Crítica de Ciências Sociais*, 72, p. 45-66.

KLANDERMANS, B. & STAGGENBORG, S. (2002). *Methods of Social Movements Research.* Minnesotta: University of Minnesotta Press.

LE BON, G. (1895/1971). *La psychologie des foules*. Paris: PUF.

McCARTHY, J. & ZALD, M. (1994). Resource Mobilization and Social Movements: a partial theory. In: McCARTHY, J. & ZALD, M. (eds.). *Social Movements in an Organizational Society:* collected essays. Londres: Transaction.

MELUCCI, A. (1994). A strange kind of newness: what's "new"in New Social Movements? In: LARANA, E.; JOHNSTON, H. & GUSFIELD, J.R. (eds.). *New Social Movements:* from ideology to identity. Filadélfia: Temple University Press.

MOSCOVICI, S. (1985). *The Age of the Crowd*. Cambridge: Cambridge University Press.

MUELLER, C. (1992). Building Social Movement Theory. In: MORRIS, A.D. & MUELLER, C.M. *Frontiers in Social Movement Theory*. Londres: Yale University Press.

PRADO, M.A.M. (2005). Movimentos de Massa e Movimentos Sociais: aspectos psicopolíticos das acões coletivas. *Revista de Ciências Humanas*, n. 37, p. 47-65. Florianópolis: Edusfc.

PRADO, M. & COSTA, F. (2009). A raridade da política e a democracia – Os movimentos sociais entre sujeitos e identidades. In: BERNARDES, J. & MEDRADO, B. (orgs.). *Psicologia Social e políticas de existência:* fronteiras e conflitos. Maceió: Abrapso.

PRADO, M. & MACHADO, F. (2012). *Preconceito contra homossexualidades:* a hierarquia das invisibilidades. São Paulo: Cortez.

RANCIÈRE, J. (2014a). *O ódio à democracia*. São Paulo: Boitempo.

_____ (2014b). *El método de la igualdad* – Conversaciones con Laurent Jeanpierre y Dork Zabunyan. Buenos Aires: Nueva Vision.

_____ (2009). *A partilha do sensível* – Estética e política. São Paulo: Ed. 34.

_____ (1996). *O desentendimento*. São Paulo: Ed. 34.

SANDOVAL, S. (1989). A crise sociológica e a contribuição da Psicologia Social aos estudos dos movimentos sociais. *Revista Educação & Sociedade*, dez.

SMELSER, N. (1962). *Teoria del Comportamiento Colectivo*. México: FCE.

STAGGENBORG, S. (2011). *Social Movements*. Nova York: Oxford University Press.

TARROW, S. (1996). *Power in Movement:* social movements, collective action and politics – Cambridge Studies in Comparative Politics. Nova York: Cambridge University Press.

3

Para além do comportamento agressivo

Luta guerrilheira e determinação estrutural-institucional da violência no discurso do Exército Popular Revolucionário (EPR) do México

David Pavón-Cuéllar

O Exército Popular Revolucionário (EPR), grupo armado clandestino surgido no México em 1996, descreveu repetidamente sua luta guerrilheira como uma defesa justa contra a violência institucionalizada e estruturalmente estabelecida no país. Nesta perspectiva, a violência cotidiana, tanto governamental como econômica, bastaria para justificar a insurreição armada popular e a impugnação revolucionária de certo Estado, detentor do monopólio do uso legítimo da violência, no sentido weberiano da expressão. A violência estrutural e institucional é aqui razão e fundamento, causa e direito, de uma ação coletiva que não é redutível à concepção estática e individualista do comportamento agressivo na disciplina psicológica dominante.

Nossa psicologia tende a congelar e coisificar a ação violenta, substanciá-la psicologicamente na agressividade e personificá-la individualmente no sujeito agressivo. Isto pode ser apreciado, não apenas na atribuição de um perfil psicológico pessoal àqueles que atuam de modo violento, mas também na explicação de sua violência a partir de fatores psicológicos, tais como certas aprendizagens sociais, ou de certas figuras em seus desenvolvimentos individuais. Tais fatores fariam adquirir uma personalidade antissocial ou simplesmente uma cognição compatível com as respostas explosivas.

O que a psicologia dominante nos oferece, no melhor dos casos, é a psicologização da violência como aquilo que foi aprendido por um sujeito individual, quem adquire certa personalidade e certa preferência cognitiva por soluções violentas. De modo contrário, no discurso do EPR, o que encontramos é a justificação da violência como aquilo realizado por um sujeito coletivo cuja opção pela luta guerrilheira não obedece a certas tendências agressivas mentais ou pessoais, mas a uma posição pessoal frente à determinação impessoal de uma situação de violência institucional e estrutural na qual se excluem formas de ação pacífica. O que aqui temos é uma determinação estrutural-institucional e não uma determinação mental-comportamental, uma situação social e histórica e não uma condição psicológica, uma ação coletiva e não uma disposição individual, uma legitimação da luta guerrilheira e não uma substancialização do comportamento agressivo.

Tentaremos demonstrar o potencial da concepção *eperrista* de violência para a crítica da disciplina psicológica dominante. Tal como veremos, esta, em certo sentido, faz parte daquilo mesmo contra o que as guerrilhas latino-americanas têm lutado. Para cumprir com nossa proposta, começaremos abordando a guerrilha no México, o EPR e sua concepção de violência, o que nos permitirá, em seguida, contrastar essa concepção com a que encontramos na psicologia dominante.

1 A guerrilha no México

A guerrilha mexicana tem uma longa história que se confunde com a história do México. Muitos heróis nacionais, atualmente glorificados pelo governo e pelo conjunto da sociedade, foram guerrilheiros que lutaram contra o colonialismo espanhol ou contra o despotismo porfiriano. Tal é o caso do independentista Vicente Guerrero, que dá nome a ruas e a um Estado do país, e dos revolucionários Emiliano Zapata e Pancho Villa, provavelmente as figuras mais emblemáticas da Revolução Mexicana de 1910.

Em sua época, os guerrilheiros Guerrero, Zapata e Villa foram vistos como criminosos violentos e perigosos, mas a mudança de governo, para a qual eles mesmos contribuíram, permitiu que fossem reabilitados e revalorizados como heróis nacionais. Desde os covardes assassinatos de Villa e Zapata até hoje, a luta guerrilheira não terminou no México. Entretanto, como há quase um século não há uma verdadeira mudança no governo do país, não existiu a possibilidade para que os novos líderes guerrilheiros se convertessem em heróis nacionais. Aquilo contra o que guerrilheiros lutaram e lutam continua no poder e segue perseguindo-os e caracterizando-os como delinquentes. Isto não impediu, no entanto, que alguns setores da sociedade comecem a reconhecer muitos destes novos guerrilheiros como heróis, como, por exemplo: Rubén Jaramillo, Arturo Gámiz, Lucio Cabañas, Genaro Vázquez e o próprio Subcomandante Marcos.

Mas por que a guerrilha não desapareceu do México no último século? Provavelmente porque também não desapareceu tudo aquilo que explica sua aparição e sua permanência. Os herdeiros dos assassinos de Villa e Zapata, concentrados no corrupto e repressivo Partido da Revolução Institucional (PRI), não apenas adulteraram e anularam as conquistas dos zapatistas, dos villistas e de outros revolucionários. Além disso, implantaram novas formas de colonialismo e despotismo, de opressão e exploração, e conseguiram corromper e subjugar os opositores de outros partidos com que partilharam porções de poder.

A sociedade mexicana de hoje em dia segue sofrendo tudo aquilo contra o que lutaram Villa e Zapata: a falta de liberdade de imprensa e de processos eleitorais verdadeiramente democráticos, a total submissão do Estado a poderes fáticos econômicos, o saque dos recursos naturais por capitais estrangeiros, os funcionários governamentais corruptos e autoritários, a injustiça e a impunidade, a concentração da riqueza numa oligarquia todo-poderosa, a dilapidação de uma mão de obra quase escravizada por seus exploradores, as abismais desigualdades sociais, miséria e fome, violência e morte. Nestas condições e frente ao completo fechamento e a decomposição das vias legais e institucionais, surpreendente seria se não existisse mais luta guerrilheira no México.

2 O Exército Popular Revolucionário

Atualmente o mais famoso grupo guerrilheiro do México é o Exército Zapatista de Libertação Nacional (EZLN). Sua bem merecida celebridade fez com que fossem esquecidos ou ignorados outros grupos armados rebeldes que seguem operando no país. Entre eles, o Exército Popular Revolucionário, mais conhecido pela sigla EPR, é o mais importante e o mais conhecido: pela sua presença em amplas regiões do país, por sua existência de quase vinte anos, pela frequência e transcendência de suas ações armadas, que provocaram a morte de várias dezenas de policiais e militares e pela constância de seu trabalho de comunicação e propaganda, centrado na emissão de mensagens relacionadas a eventos da atualidade e na publicação periódica de seu órgão oficial, *O insurgente*, do qual já foram difundidos 157 números.

O braço político do EPR é o Partido Democrático Popular Revolucionário (PDPR), e seus membros são conhecidos como *eperristas*. Sempre se mostram encapuzados e costumam vestir uniformes verde oliva. Operam principalmente ao sul do país, em Guerrero, Oaxaca, Chiapas e Michoacán, ainda que também existam incursões armadas no Distrito Federal, no Estado de México, Guanajuato, Querétaro e outros estados. Sua origem se deu com a união de vários agrupamentos, em que se destacam duas organizações guerrilheiras dos anos de 1970: o Partido Revolucionário Operário Clandestino União do Povo (Procup), e o Partidos dos Pobres (PdP).

Tal como as organizações que deram origem ao EPR, este se posiciona na extrema-esquerda e, de modo mais preciso, no marxismo-leninismo. Pega em armas para lutar contra o Estado Mexicano, contra o capitalismo e o imperialismo estadunidense e para preparar a revolução com a qual se instaurará o comunismo no México. Podemos distinguir claramente duas fases na sua luta armada. Numa primeira fase, durante os anos de 1990, o EPR dirige seus ataques a policiais e militares e o impacto de suas ações se mede na quantidade de baixas das forças inimigas: trinta soldados mortos em Los Encinos em 1996, onze marinheiros e policiais mortos em Huatulco no mesmo ano, trinta militares mortos entre Chilapa e Tlapa em 1997 etc. Numa segunda fase, posterior ao ano 2000, o governo atribui ao EPR vários atentados com bomba, particularmente em bancos e dutos da companhia pública Petróleos Mexicanos (Pemex).

3 A violência no discurso do EPR: o estrutural, o institucional e o insurrecional

Há quinze anos, entre 1998 e 1999, tivemos a oportunidade de entrevistar membros do EPR, primeiro por via eletrônica e posteriormente numa "casa de segurança". Um dos temas recorrentes da entrevista foi o da violência, tanto a violência revolucionária do povo e especificamente da guerrilha, como a violência estrutural do capitalismo e a violência institucional do governo mexicano. As duas violências apareceram sempre contrapostas, mas também ligadas por um estreito vínculo de causalidade. A exploração econômica e a opressão política foram invariavelmente concebidas como causas da insurreição guerrilheira. A violência revolucionária e popular se apresentou como efeito direto ou indireto da violência estrutural capitalista e institucional-governamental.

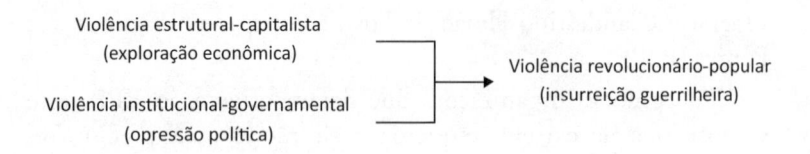

Violência estrutural-capitalista
(exploração econômica)

Violência institucional-governamental
(opressão política)

→ Violência revolucionário-popular
(insurreição guerrilheira)

Ao perguntar aos *eperristas* se eles se sentiam de algum modo responsáveis pela onda repressiva contra civis acusados de pertencer à guerrilha, recebemos uma resposta clara e categórica que resume perfeitamente a causalidade que leva da violência institucional e estrutural à luta armada revolucionária dos guerrilheiros, os quais, obviamente, não sentem responsabilidade alguma a respeito da violência contra a qual lutam:

> Não nos sentimos responsáveis, porque nós não geramos a violência institucionalizada do Estado; não, porque nós não somos os causadores da miséria e da exploração em que vivem milhões de mexicanos, os quais, com um futuro incerto, vão morrendo cotidiana e lentamente de fome e de doenças curáveis, por seguir necessitando no século XXI do mais básico. Portanto, tudo isso e a repressão exercida pelo governo sobre nosso povo causa dor e sofrimento. Precisamente por isso lutamos para acabar com uma situação como esta, estando convencidos de que a única forma de acabar com ela é a luta justa do povo mexicano. É por isso que desenvolvemos a luta armada e participamos no processo democrático revolucionário de nosso povo e não poderíamos deixar de fazê-lo sem nos sentir, neste caso sim, responsáveis e cúmplices dos crimes que dia a dia se cometem contra a população mexicana, que está submetida a condições de vida sub-humanas e reprimida quando luta para libertar-se e mudar esta situação (PAVÓN-CUÉLLAR & VEGA, 2005, p. 103).

Nos termos dos próprios *eperristas*, a população mexicana é vítima de uma violência estrutural que a *submete a condições de vida sub-humanas*, assim como também é vítima de uma violência institucional que a *reprime toda vez que luta para libertar-se e mudar esta situação*. O institucional, tal como o EPR descreve na mesma resposta citada, consiste na *violência institucionalizada do Estado*, enquanto que o estrutural corresponde à *miséria e a exploração em que vivem milhões de mexicanos, os quais, com um futuro incerto, vão morrendo cotidiana e lentamente de fome e de doenças curáveis*. Nesta e em outras passagens do EPR, tudo parece começar pela *exploração e a miséria*, pela *fome e pelas condições de vida sub-humanas*, as quais desencadeiam o movimento pacífico da população *que luta para libertar-se*, mas que é *reprimida*, o que, finalmente, justifica a opção dos *eperristas* pela luta armada.

Podemos distinguir quatro momentos sucessivos na explicação dos *eperristas*. Primeiramente apenas temos a violência estrutural do capitalismo que explora, reduz à miséria, mata de fome e de doenças curáveis. Em seguida, vemos irromper a insurreição pacífica da população contra a violência estrutural do capitalismo. Logo se impõe a violência institucional do Estado Mexicano que reprime a insurreição pacífica da população, que prende e tortura, assassina e desaparece civis. Por último, chegamos à insurreição violenta da guerrilha para defender a população contra a violência institucional do Estado Mexicano e contra a violência institucional do capitalismo.

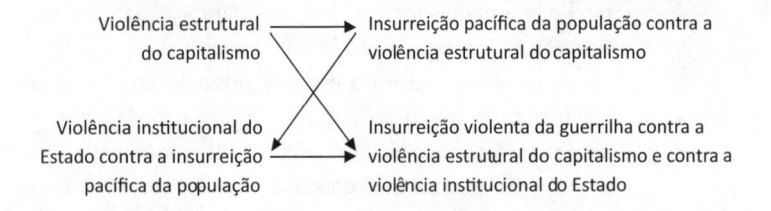

```
Violência estrutural ─────────→ Insurreição pacífica da população contra a
   do capitalismo        ╳      violência estrutural do capitalismo

Violência institucional do      Insurreição violenta da guerrilha contra a
Estado contra a insurreição ──→ violência estrutural do capitalismo e contra a
  pacífica da população         violência institucional do Estado
```

A violência do capitalismo e do Estado aparece como uma determinação estrutural-institucional das insurreições pacíficas e violentas, as quais, por sua vez, constituem tomadas de posição frente a determinação estrutural-institucional. Este vínculo recíproco entre a posição e sua determinação constitui o miolo da explicação *eperrista* da violência guerrilheira. Esta se explica por uma determinação estrutural-institucional e também por uma posição pessoal insurrecional que tem antecedentes próprios.

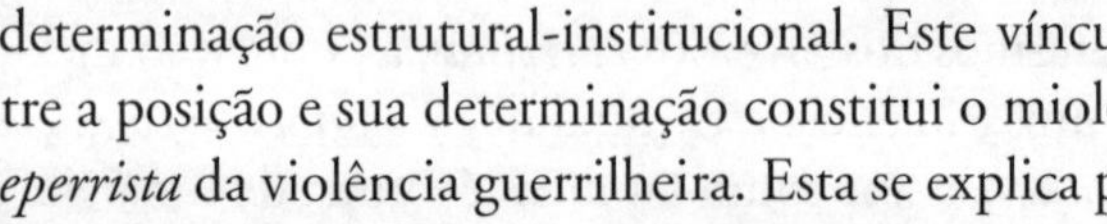

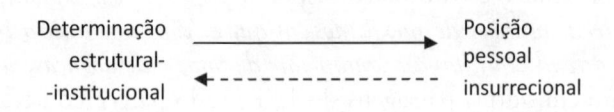

```
Determinação      ─────────────→   Posição
 estrutural-                        pessoal
-institucional    ←- - - - - - -   insurrecional
```

O EPR considera que sua insurreição violenta não teria sido necessária se a insurreição pacífica houvesse sido atendida, ao invés de ser brutalmente reprimida. Como nos explicaram os *eperristas* durante a entrevista: "Na luta dos povos para obter melhores condições de vida e de trabalho, o uso das armas tem sido sempre o último recurso que os opressores lhes deixaram" ao atacá-los com "repressão, morte e grande opressão como resposta às suas justas demandas" (PAVÓN-CUÉLLAR & VEGA, 2005, p. 55). Os *eperristas* não têm dúvidas de se assimilar ao povo e a suas demandas e destacam que pegaram em armas "para apoiar as demandas gerais do povo, para visibilizar as colocações específicas dessas demandas, para que o povo compreenda que sua luta é a mesma deles" (p. 56). O EPR também declara, no mesmo sentido, que "empunhou as armas como um meio para se fazer escutar, como continuação da luta política, como defesa de uma proposta de transformação da sociedade" (p. 55).

A violência revolucionária, tal como se concebe no discurso do EPR, tem funções defensivas, políticas e transformadoras, expressivas e comunicativas. Digamos que a insurreição guerrilheira não é apenas uma tomada de posição *contra a repressão e a exploração*, contra a violência institucional e estrutural, mas também *pela expressão, pela comunicação e pela transformação*. As armas dos *eperristas* possibilitam que se escutem certas palavras, que se conheçam certas colocações e que se preservem certos projetos político-sociais transformadores.

O EPR estaria de acordo com Clausewitz, para quem a guerra é a continuação da política por outros meios, mas também advertiria que a política apenas requer meios violentos porque o governo mexicano reprimiu aqueles que recorrem aos meios pacíficos. Não podendo nem se afirmar, nem se manifestar nas causas da política legal e convencional, o povo teria sido forçado a lançar-se na perigosa via da insurreição armada. O povo se faria guerrilheiro para não ser maltratado, mas tampouco ignorado.

Os *eperristas* disparam suas armas e colocam suas bombas para chamar atenção e serem levados a sério, para estabelecer certa relação com o governo e com a sociedade, para entrar em um mundo no qual não havia lugar para eles. É muito significativo, por certo, que os esquecidos unicamente sejam lembrados ao encapuzar-se e ocultar-se nas "casas de segurança". Tão apenas clandestinamente, como guerrilheiros, podem ser considerados e atendidos.

O sistema parece se preocupar com o povo apenas quando o povo se torna perigoso para o sistema. Isso sabem muito bem os *eperristas*. A violência revolucionária para eles não é, como vimos, nada mais do que a única forma em que se pode *pedir a palavra e exigir certo respeito e reconhecimento*. É o único meio possível para existir e ser escutado, para defender e promover certo projeto político, para protestar e atuar contra a violência estrutural e institucional.

4 A psicologia eperrista da violência: posições pessoais e determinações impessoais

O EPR concebe a violência como luta, relação e interação, expressão e comunicação, afirmação e reivindicação, mas também como negação e exclusão, imposição e falta de comunicação. Na perspectiva *eperrista*, a violência é um meio que pode ter diversos tons, métodos e propósitos. Ela se efetiva tanto no polo da exploração econômica, da opressão e da repressão governamental, como no polo oposto da insurreição guerrilheira, da transformação revolucionária e da emancipação popular. Em ambos polos, e entre um e outro, a violência sempre é social e não individual, relacional e impessoal, interativa e não algo constitutivo de certa subjetividade. A violência, tal como é concebida pelo EPR, consiste numa ação coletiva e não numa disposição individual; se explica por uma situação histórica e não por uma condição psicológica.

A elaborada concepção *eperrista* da violência contrasta claramente com as teorias da violência que encontramos nas diferentes correntes da psicologia dominante. De modo geral, poderíamos dizer que tais teorias tendem, inevitavelmente, por sua própria orientação disciplinar, a psicologizar o que teorizam. Já o EPR, ainda que leve em consideração diversos aspectos psicológicos da violência, não cai na tentação de absolutizá-los, considerá-los unilateralmente ou enfatizá-los em detrimento de outros aspectos. Os *eperristas*, para começar, não personificam a violência, evitando concebê-la como um traço intrínseco da pessoa. Inclusive resistem a subjetivar psicologicamente a ação violenta e tomá-la como comportamento agressivo. Evitam, por fim, fixar ou cristalizar a própria violência, seja em transtornos mentais atribuíveis a pessoas (como o antissocial ou o explosivo intermitente do DSM), seja em traços característicos de transtornos, como a agressividade, a conduta impulsiva, a falta de controle de impulsos ou o padrão de oposição.

Por mais que denuncie a violência de seus inimigos, o EPR não permite que seja atribuído a eles, como indivíduos, uma predisposição violenta, nem mesmo uma atitude agressiva. O EPR prefere ater-se prudentemente à violência inerente às relações, instituições e estruturas. Isto não quer dizer que o psicológico, o subjetivo e pessoal desapareçam da análise *eperrista*. O EPR não deixa de considerar o povo, os sujeitos em suas posições pessoais, mas isto não leva ao esquecimento do impessoal, relacional e institucional-estrutural, que determina e ante o qual as pessoas se posicionam, podendo reproduzi-lo ou transformá-lo, perpetuá-lo ou subvertê-lo.

Diferentemente da psicologia dominante, o EPR não esquece de apreender os determinantes que levam os sujeitos a assumirem diferentes lugares, em posicionarem-se como cúmplices ou como lutadores pacíficos ou armados, como revolucionários ou como opressores e repressores, como exploradores ou como guerrilheiros insurretos. Estas posições pessoais, de fato, apenas podem ser consideradas se também forem consideradas as determinações impessoais-interpessoais com as quais lidam a cada momento. Umas e outras, posições subjetivas e determinações institucionais-estruturais, são o existente para um sujeito concreto em um momento dado. São também, precisamente, o que desconhece uma psicologia dominante que não sabe adotar o ponto de vista do sujeito. As posições pessoais e determinações impessoais são finalmente o que nos oferecem os *eperristas*, como sujeitos que são, em sua *psicologia desde a posição do sujeito*, como diria Klaus Holzkamp (1996/2013).

5 Psicólogos e eperristas diante da violência

A psicologia do EPR explica a ação violenta pela posição de quem atua e pela determinação institucional-estrutural de sua ação. Difere, por exemplo, da clássica Teoria da Aprendizagem Social da Agressão de Albert Bandura, que explica a agressão pela simples imitação de atos violentos bem recompensados (BANDURA; ROSS & ROSS, 1961; BANDURA, 1973, 1978; RIBES-INESTA & BANDURA, 1976). Como sabemos, Bandura explica o ato pessoal violento pela *imitação pessoal de outro ato pessoal violento*. Os *eperristas*, de outra forma, explicam o ato pessoal violento pela *posição pessoal violenta diante de uma determinação impessoal-interpessoal violenta*. O ciclo da violência não se fecha no pessoal, mas se abre ao impessoal-interpessoal e não se limita apenas a um gesto imitativo, pois é uma iniciativa posicionada.

O sujeito do EPR se posiciona no mundo impessoal-interpessoal das instituições e estruturas, enquanto que o de Bandura se mantém isolado, ensimesmado, fechado em seu mundo pessoal de atos violentos pessoais e sem posição alguma no mundo externo. A explicação de Bandura refere-se exclusivamente ao plano psicológico e subjetivo, enquanto que a explicação *eperrista* considera também o plano institucional e estrutural, social e econômico, político e histórico. Ao mesmo tempo, na perspectiva dos *eperristas*, o sujeito é um ator, cúmplice ou rebelde, que se relaciona e interage violentamente com o contexto determinante institucional-estrutural. Bandura, diferentemente, tende a conceber o sujeito como um simples imitador passivo e reduz as relações e interações sociais à aprendizagem supostamente social, porém sempre interna, unilateral e individual, consistente em operações mentais como a atenção, a retenção, a motivação e a reprodução.

Por outro lado, como porta-voz de certa ideologia individualista liberal, Bandura só consegue ver o sujeito como indivíduo livre, enquanto que os *eperristas* enxergam-no como povo comprometido, coletivo responsável, classe social engajada em sua luta contra outra classe social. E se fosse pouco, Bandura, incapaz de libertar-se da determinação também ideológica da estrutura capitalista, apenas aceita o espírito de recompensa, o interesse e a ganância, enquanto o EPR também reconhece o espírito de sacrifício pelo qual os guerrilheiros decidem se lançar em uma aventura suicida. Se os *eperristas* imitassem ações violentas exitosas, rentáveis ou bem recompensadas, então, ao conhecer a história da guerrilha no México no último século, não encontrariam simplesmente nada para imitar, pois todas as guerrilhas terminaram em derrotas e em castigos atrozes, em desaparecimentos forçados e banhos de sangue.

A perspectiva *eperrista* consegue ver mais além do espelho ideológico de Bandura, mais além da busca estratégica imitativa de recompensas, mais além da individualidade livre, interessada e calculista, mais além do pessoal e do subjetivo psicológico. Assim, o EPR descobre a determinação impessoal-interpessoal das instituições políticas e das estruturas econômicas, bem como uma posição pessoal baseada em uma convicção irredutível à simples imitação, num espírito de sacrifício irredutível ao espírito da recompensa e em uma perspectiva social-histórica irredutível ao enfoque individual associal e a-histórico. Tudo isso faz com que a concepção *eperrista* da violência seja ela mesma irredutível, não apenas à teoria de Albert Bandura, mas também a outras concepções teóricas da violência na psicologia dominante. Como simples ilustração, vejamos rapidamente alguns exemplos em modelos dominantes da psicologia do desenvolvimento que abordaram a agressividade e o comportamento antissocial.

Ao situar a violência em uma perspectiva social-histórica, os *eperristas* não poderiam confiná-la simplesmente à esfera do desenvolvimento psicológico do indivíduo num estreito marco interativo familiar e escolar, tal como fazem muitos psicólogos atuais, entre eles Gerald Patterson e seus colaboradores em diversos trabalhos altamente influentes na atualidade (PATTERSON, 1986; PATTERSON; DeBARYSHE & RAMSEY, 1989; GRANIC & PATTERSON, 2006). Tais trabalhos, em contraposição ao EPR, enxergam a violência como uma derivação do entorno imediato no sujeito e não como uma posição do sujeito diante do mundo; como algo individual, associal e antissocial, e não como algo intrinsecamente social e supraindividual; como uma consequência da experiência individual passada e não como um efeito da determinação estrutural-institucional histórica no presente; como um simples comportamento reativo agressivo e não como uma ação defensiva, expressiva e comunicativa, afirmativa e reivindicativa, política e transformadora.

Podemos encontrar praticamente as mesmas contradições ao comparar a concepção *eperrista* de violência com a teoria cognitiva das condutas agressivas e antissociais de Kenneth A. Dodge e seus colaboradores. Além disso, neste caso encontramos duas classificações de agressão que são reveladoras no plano ideológico e muito questionáveis desde o ponto de vista *eperrista*, já que se caracterizam por ignorar precisamente aqueles aspectos da violência considerados centrais para o EPR. Em primeiro lugar, Dodge e seus colegas classificam todas as condutas agressivas em formas reativas-hostis e pró-ativas-instrumentais (DODGE & COIE, 1987; CRICK & DODGE, 1996). Ignoram, assim, formas pró-ativas-revolucionárias de violência, como a guerrilha do EPR, que não são reativas-hostis ou, tampouco, pró-ativas-instrumentais, já que não são instrumentalizadas por um indivíduo, pelo seu próprio interesse e em função de certas circunstâncias, mas buscam modificar as circunstâncias e servir a um interesse coletivo. Em segundo lugar, o grupo de Dodge apenas vê a violência como um fenômeno geral ou individual, próprio do gênero humano ou de cada indivíduo humano (COIE & DODGE, 1998). Deste modo, desconhece o que está entre o geral e o individual, isto é, o específico, as classes, os grupos humanos, o que é propriamente social, decisivo para entender a violência e fundamental para o que nos atrevemos a chamar de *psicologia eperrista*.

Ignorar o que é propriamente social, irredutível ao interindividual, é um denominador comum das colocações psicológicas de Bandura, Patterson e Dodge, autores que, obviamente, diferem dos *eperristas*. Pode-se pensar que esta deficiência da psicologia dominante apenas se observa em enfoques centrados no desenvolvimento, mas que foram superados em correntes mais sociais que se ocupam da violência política e do terrorismo. Isto é verdade, mas apenas aparentemente e parcialmente, pois o individualismo segue marcando fortemente as orientações da psicologia social dominante do terrorismo e da violência política, o que se pode comprovar na constante centralidade do individual com o que se conecta tudo o que é grupal e social (CRENSHAW, 2000).

Por outro lado, mesmo nas abordagens psicológico-sociais que conseguiram ir mais além do individualismo, frequentemente detectamos alguns dos vícios teóricos da psicologia dominante que já mencionei anteriormente e que os *eperristas* superaram em sua concepção da violência. Um deles é o enfoque reducionista que concebe a violência política, não como uma posição do sujeito diante do mundo, mas como uma derivação do entorno imediato no sujeito. Isto se observa, por exemplo, na explicação mecânica da radicalização dos terroristas pelo conflito intergrupal (McCAULEY & MOSKALENKO, 2008). Outro dos vícios que detectamos na psicologia da violência política é o instrumentalismo estratégico que reduz o racional-pró-ativo ao puramente instrumental. Este vício tem sido muito influente nesta especialidade da psicologia desde os tempos da teoria da escolha racional (MULLER & WEEDE, 1990) até os trabalhos mais recentes, nos quais se substitui a síndrome do terrorista individual por uma lógica instrumental de meios e fins (KRUGLANSKI & FISHMAN, 2006). E quando se escapa da racionalidade estratégica e instrumental, é tão somente para cair no terreno do emocional, por exemplo, quando se estuda o sentimento de humilhação pelo qual estaria motivado o terrorismo islâmico (FATTAH & FIERKE, 2009).

A psicologia dominante da violência nos oferece tudo o que podemos imaginar: emoções, escolhas racionais, processamento de informação, aprendizagens sociais etc. Em todos os casos, o psicólogo universitário dispõe de noções teóricas adequadas para estudar as práticas violentas que se dão no exterior de seus espaços universitários. Todas as noções, por certo, pretendem ser infalíveis. E na promoção de todas elas, confirmamos que os acadêmicos da psicologia, com suficiência e arrogância, pretendem manter-se fora e por cima daqueles que estudam, nas altitudes universitárias de seus postos de observação. Desde cima descrevem e explicam o comportamento dos sujeitos violentos, ao invés de aproximarem-se deles, escutá-los e descobrir seus pontos de vista. Ao invés do discurso real e concreto da violência, os especialistas preferem um metadiscurso artificial e abstrato em que tudo é reduzido à terminologia psicológica. É por isso que a psicologia dominante não consegue nem mesmo suspeitar o que é reconhecido pelos *eperristas* no seu discurso, a saber, a posição pessoal no mundo, na sociedade e na história e sua relação com uma determinação estrutural-institucional.

6 Crítica da psicologia dominante à luz da concepção eperrista da violência

Não querendo ver o sujeito violentamente posicionado na sociedade e na história, a psicologia dominante forja a abstração de um indivíduo agressivo e antissocial, associal e a-histórico, sem mundo nem posição no mundo. Este indivíduo isolado e desarraigado não é violento, nem como opressor, nem como explorador, nem por sua representação de instituições políticas violentas, nem por sua função em estruturas econômicas não menos violentas. O indivíduo psicológico tampouco é violento, nem o explorado, nem o oprimido, nem o seu compromisso com esta posição em sua relação exterior com as estruturas econômicas exploradoras e as instituições políticas opressivas e repressivas. O *homo psicologicus* é violento simplesmente por si mesmo, por sua configuração antissocial ou agressiva, por sua própria interioridade individual entendida em termos de emoções, estratégias instrumentais, escolhas racionais, hostilidades irracionais, imitações proveitosas, reações agressivas e vivências passadas.

O mundo interno psicológico suplanta, inteiramente, não apenas o sujeito real, mas também o mundo experimentado e interpretado pelo sujeito. No lugar da estrutura econômica externa que sofremos cotidianamente e que os *eperristas* aspiram transformar, a psicologia dominante nos oferece uma estrutura psíquica na qual reside o segredo da violência. Basta mudarmos a nós mesmos para libertar-nos da violência. O que se propõe é muito claro e foi bem resumido por Deleule (1969/1972) há muitos anos: conseguir "uma mudança interna do indivíduo que está em conflito com o meio social" com o propósito de evitar uma "mudança do meio social insatisfatório para o indivíduo" (p. 149). Impedir que o mundo mude como se o mundo não existisse e pudesse ser substituído pelo psiquismo do indivíduo. É assim que chegamos ao que Holzkamp (1996/2013) descreveu como a "falta de mundo" na psicologia, a "cegueira para as estruturas", a abstração psicológica para o "sócio-histórico" (p. 263).

Na perspectiva da psicologia dominante, como o próprio Holzkamp (1996/2013) assinalou, "o psíquico é explicado pelo psíquico" (p. 245). O psiquismo individual agressivo e antissocial, por exemplo, explicaria a violência insurrecional do guerrilheiro, a qual, deste modo, graças aos bons ofícios da psicologia dominante, já não se explicaria pela exploração estrutural nem pela opressão institucional, incluindo a brutal repressão dos movimentos sociais pacíficos. Em outras palavras, a violência estrutural-institucional do capitalismo e de seus esbirros governamentais deixa de ser responsável pelo que é responsável: a violência insurrecional daqueles que decidem pegar em armas para se defender. Os psicólogos universitários creem demonstrar que o problema dos terroristas, dos guerrilheiros e de outros sujeitos violentos é deles e apenas deles, e que o sistema capitalista global e seu Estado tirânico liberal não têm responsabilidade alguma.

O problema da violência, para a psicologia dominante, não está naquilo contra o que se luta, senão na luta mesma. Não surpreende que esta seja a conclusão a que chegam os promotores da psicologia dominante, porta-vozes do pensamento único, intelectuais orgânicos do sistema contra o qual se luta. De fato, sua psicologia, a dominante, forma parte daquilo mesmo contra o que se luta em muitas trincheiras, entre elas, a *eperrista*. Com efeito, o EPR luta também contra a dissimulação do estrutural-institucional, o qual, por sua vez, é dissimulado pela psicologia dominante. Esta psicologia impede, além do mais, transformar o que dissimula, ou seja, o que um bom revolucionário busca transformar. Para transformar o mundo, o revolucionário deve opor-se também ao que impede transformar o mundo, como é o caso da psicologia dominante. Assim, é previsível que a psicologia *eperrista*, se é que merece tal nome, seja diametralmente contraditória em relação à psicologia dominante. É também previsível que a psicologia dominante, como parte daquilo contra o que se luta, encontre o problema na luta e não naquilo contra o que se luta.

Conclusão

Há uma contradição diametral entre a psicologia dominante e formas de luta social, revolucionária e emancipatória, tal como a que encontramos no EPR. Esta contradição justifica suficientemente que utilizemos o discurso *eperrista* num projeto de crítica da psicologia dominante. Assim como invocamos o EPR agora, recorremos, anteriormente, ao EZLN, o que nos permitiu assentar as bases para um projeto de psicologia crítica de inspiração zapatista (PAVÓN-CUÉLLAR, 2014; PAVÓN-CUÉLLAR & ARROYO-ORTEGA, 2014; PAVÓN-CUÉLLAR e cols., 2013).

A ideia norteadora, tanto com o EPR como com o EZLN, tem sido a de abordar seus discursos, não como um objeto de estudo ao qual devem ser aplicadas as noções de psicologia, mas como uma fonte de ideias, perspectivas e argumentos que se aplicam criticamente à própria psicologia e seus conceitos. Em outras palavras, o que se busca é uma aproximação aos *eperristas* e aos zapatistas exatamente como nos aproximamos dos autores da psicologia acadêmica: levando-os a sério, tentando aprender algo deles e vendo a maneira pela qual podem nos ajudar a refletir sobre a psicologia e sobre seu objeto. Isto supõe renunciar ao estranho privilégio epistêmico pelo qual nós, acadêmicos e cientistas em geral, arrogamo-nos o direito de ser os únicos capazes de conhecer adequadamente a realidade.

Nossa convicção é que a realidade apenas se conhece adequadamente por meio da prática. Esta prática, no caso da realidade social e histórica, não corresponde apenas aos métodos e técnicas das ciências humanas, mas também e especialmente à práxis transformadora dos povos, dos movimentos sociais e das organizações populares e revolucionárias. Através de sua prática guerrilheira, os *eperristas* aprendem muito do que não se pode aprender em universidades, congressos e revistas científicas, e que nós os psicólogos acadêmicos ignoramos. É por isso que necessitamos sair da academia, não para interpretar o discurso do EPR segundo o que foi aprendido no âmbito acadêmico, mas para aprender algo desse discurso que nos permite reinterpretar o que foi aprendido na academia. Isto é exatamente o que buscamos encontrar nas noções *eperristas* de posição pessoal-insurrecional e de determinação estrutural-institucional da violência. Por acaso, não temos aqui algo novo que nos permitiu repensar e questionar a psicologia que temos aprendido em universidades, congressos e revistas?

Referências

BANDURA, A. (1978). Social learning theory of aggression. *Journal of Communication*, 28 (3), p. 12-29.

_____ (1973). *Aggression*: A social learning analysis. Oxford: Prentice-Hall.

BANDURA, A.; ROSS, D. & ROSS, S.A. (1961). Transmission of aggression through imitation of aggressive models. *Journal of Abnormal and Social Psychology*, 63 (3), p. 575-582.

COIE, J.D. & DODGE, K.A. (1998). Aggression and antisocial behavior. In: DAMON, W. & EISENBERG, N. (ed.). *Handbook of child psychology* – Vol. 3: Social, emotional, and personality development. Hoboken, NJ: John Wiley & Sons, p. 779-862.

CRENSHAW, M. (2000). The psychology of terrorism: An agenda for the 21st century. *Political Psychology*, 21 (2), p. 405-420.

CRICK, N.R. & DODGE, K.A. (1996). Social information-processing mechanisms in reactive and proactive aggression. *Child Development*, 67 (3), p. 993-1.002.

DELEULE, D. (1969/1972). *La psicología, mito científico*. Barcelona: Anagrama.

DODGE, K.A. & COIE, J.D. (1987). Social-information-processing factors in reactive and proactive aggression in children's peer groups. *Journal of Personality and Social Psychology*, 53 (6), p. 1.146-1.158.

FATTAH, K. & FIERKE, K.M. (2009). A clash of emotions: The politics of humiliation and political violence. *European Journal of International Relations*, 15 (1), p. 67-93.

GRANIC, I. & PATTERSON, G.R. (2006). Toward a comprehensive model of antisocial development: A systems dynamic systems approach. *Psychological Review*, 113, p. 101-131.

HOLZKAMP, K. (1996/2013). Psychology: Social Self-Understanding on the Reasons for Action in the Conduct of Everyday Life. In: SCHRAUBE, E. & OSTERKAMP, U. (orgs.). *Psychology from the Standpoint of the Subject* – Selected Writings of Klaus Holzkamp. Londres: Palgrave-Macmillan, p. 233-341.

KRUGLANSKI, A.W. & FISHMAN, S. (2006). The psychology of terrorism: "Syndrome" versus "tool" perspectives. *Terrorism and Political Violence*, 18 (2), p. 193-215.

McCAULEY, C. & MOSKALENKO, S. (2008). Mechanisms of political radicalization: Pathways toward terrorism. *Terrorism and Political Violence*, 20 (3), p. 415-433.

MULLER, E.N. & WEEDE, E. (1990). Cross-National Variation in Political Violence A Rational Action Approach. *Journal of Conflict Resolution*, 34 (4), p. 624-651.

PATTERSON, G.R. (1986). Performance models for antisocial boys. *American psychologist*, 41 (4), p. 432-444.

PATTERSON, G.R.; DeBARYSHE, B.D. & RAMSEY, E. (1989). A developmental perspective on antisocial behavior. *American Psychologist*, 44 (2), p. 329-335.

PAVÓN-CUÉLLAR, D. (2014). Hacia una Psicología Crítica Zapatista – Ideas para un Proyecto Metapsicológico Radical. *Revista Latinoamericana de Psicología Social Ignacio Martín-Baró*, 3 (1) [Disponível em http://www.rimb.cl/index.php/rimb/article/view/31].

PAVÓN-CUÉLLAR, D. & ARROYO-ORTEGA, J. (2014). El Ejército Zapatista de Liberación Nacional (EZLN) y su crítica de las psicologías conformista, despótica y desmemoriada. *Estudos de Psicología*, 31 (3).

PAVÓN-CUÉLLAR, D. & VEGA, M.L. (2005). *Lucha eperrista*. Buenos Aires: Centro de Documentación de los Movimientos Armados.

PAVÓN-CUÉLLAR, D.; OROZCO, M.; GAMBOA, F. & HUERTA, A. (2013). Critical Psychology in Mexico: realities and potentialities. *Annual Review of Critical Psychology*, 10, p. 704-725.

RIBES-INESTA, E. & BANDURA, A. (orgs.) (1976). *Analysis of delinquency and aggression*. Oxford: Lawrence Erlbaum.

4

Criminalização dos movimentos sociais do campo

Algumas reflexões a partir do MST

Jáder Ferreira Leite
Magda Dimenstein
Verônica Morais Ximenes

A atuação dos movimentos sociais no meio rural brasileiro tem sido combatida com ações de profunda violência, uso das forças dominantes e do aparato estatal para coibir e desqualificar suas reivindicações. A própria estrutura agrária da nossa sociedade representa, em si, um enorme ato de violência contra grupos e comunidades que fazem da terra seu lugar de morada e trabalho.

Na medida em que as forças políticas se alteram, que as instituições estatais se complexificam e que novos setores dominantes se posicionam, as modalidades de repressão e criminalização dos movimentos sociais do campo vão assumindo novas roupagens.

Assim, pretendemos no presente texto resgatar brevemente alguns movimentos de luta por terra e trabalho no meio rural brasileiro que guardam uma forte marca da presença repressora das forças dominantes, seja na figura das estruturas estatais ou com sua conivência; apontar algumas modalidades que vão do uso direto da repressão/violência à criminalização por modos cada vez mais sofisticados, voltadas especialmente contra o MST; e destacar que, a despeito das estratégias de criminalização sofridas pelos movimentos sociais, o seu papel é fundamental para o fortalecimento da construção da democracia e para a produção de sujeitos políticos comprometidos com a transformação social.

1 Algumas histórias de luta e repressão no campo brasileiro

Ao final do século XIX, o arraial de Canudos no sertão baiano reuniu despossuídos da terra, sertanejos, negros, índios, pequenos comerciantes, flagelados da seca em torno da figura mítica de Antônio Conselheiro. O modo de organização social e comunitário de Canudos passou a preocupar os fazendeiros da região que perdiam trabalhadores para o Belo Monte[4], as autoridades republicanas que acusavam o Conselheiro e seus seguidores de afrontarem a recém-república instaurada, e à Igreja Católica, já que o movimento orientava-se por uma figura messiânica, aliada a um catolicismo de natureza popular.

Os jornais da época foram responsáveis por ataques sistemáticos à experiência de Canudos, rebaixando seus moradores e acusando Conselheiro de lunático. De acordo com Gutiérrez (2014), a imprensa da época tratou de gerar um clima de histeria em torno de Canudos e disseminou notícias controversas sobre as motivações de Conselheiro e seus seguidores.

Nina Rodrigues, médico instalado na Bahia e influenciado pelo pensamento europeu a partir do Evolucionismo Social, do Racismo Científico e da Psicologia de Massas, elaborou um estudo sobre Canudos intitulado "A loucura epidêmica de Canudos", publicado em 1897, mesmo ano em que o arraial foi dizimado. O autor destacava o caráter psicopatológico da conduta do líder milenarista, enfatizando a inferioridade de seus seguidores em função de suas características raciais, pois na sua concepção tratava-se de um

---

4. Belo Monte foi o nome dado ao aldeamento de Canudos por Antônio Conselheiro quando ali se instalou com seus seguidores. Segundo Macedo e Maestri (2004), "o termo adotado indica a revalorização geográfica e simbólica da localidade. Enquanto Canudos lembrava a decadência e o abandono, Belo Monte apontava para o lugar de encontro dos eleitos, para a concretização de uma vida melhor" (p. 63).

conjunto de humanos mestiços que, numa escala evolutiva, ainda demonstravam comportamentos bárbaros e facilmente manipulados pela loucura de Conselheiro (ODA, 2000; CHAVES, 2003).

O ambiente social, econômico e político brasileiro da época de Canudos estava relacionado, segundo Nina Rodrigues, à passagem do sistema monárquico ao republicano, à separação de Estado e Igreja e a uma crise econômica que se abateu sobre o sertão brasileiro. Esses elementos teriam se tornado propícios para a manifestação da loucura nos sertanejos, que nas palavras de Oda (2000, p. 143):

> Mas não haveria de ser qualquer louco, e sim um louco profeta, mestiço como a massa que o seguia. A mestiçagem traria a predisposição à alienação mental, a sugestionabilidade e o desequilíbrio mental necessários ao contágio vesânico e daria (quase literalmente) a cor brasileira aos fenômenos que os estudiosos da psicologia das multidões tinham descrito na Europa.

Aqui, podemos destacar como uma forma de resistência pode ganhar um "desvio de compreensão", na medida em que se afasta da análise elementos de ordem histórica, política e social de produção de um acontecimento com a envergadura de Canudos. Para Fernandes (2000, p. 29), "Era um movimento messiânico que se opunha à ordem da submissão, estabelecida pelos coronéis, e foi declarado inimigo de guerra". Não há, nessa visão, uma subalternidade focada na ideia de uma raça inferior, ainda a cumprir um processo de evolução espelhada no universo do homem branco europeu.

Tal desvio retira, em geral, a complexidade dos fenômenos, lançando-os numa verdade discursiva que justifique a tomada de medidas violentas. Desse modo, as forças militares empreenderam, não sem dificuldades, o extermínio do arraial de Canudos.

A partir dos anos de 1940, as lutas no campo ganharam uma dimensão política e a luta por terra se converteu em luta pela reforma agrária pelas mãos de atores institucionais como os partidos políticos, especialmente o Partido Comunista do Brasil (PCB) e posteriormente o Partido Socialista Brasileiro (PSB). Seus representantes passaram a atuar junto a camponeses, formá-los politicamente segundo suas linhas ideológicas e organizá-los por meio das Ligas Camponesas (FERNANDES, 2000; MORAIS, 2002; RICCI, 1999). Ao ser lançado na ilegalidade em 1947, o PCB teve dificuldades de continuar sua atuação no meio rural, mas em 1954, as Ligas ressurgiram no Estado de Pernambuco com o apoio do deputado socialista Francisco Julião.

Naquele Estado, as lutas das Ligas Camponesas estiveram relacionadas aos processos de quebra de contratos de produção entre os fazendeiros donos de engenhos e os trabalhadores que pagavam pelo uso da terra, seja em forma de aluguel ou em dias de trabalho (RICCI, 1999). Outro ponto de tensão foram as expulsões dos trabalhadores dessas áreas para expansão do plantio de cana-de-açúcar.

As Ligas se espalharam pelo Nordeste e enfrentaram enorme dificuldade, já que não havia uma legislação trabalhista que acolhesse as demandas de seus trabalhadores (posseiros, meeiros, arrendatários e foreiros). Essa própria ausência de um aparato jurídico convertia-se em motivo de repressão e perseguição aos trabalhadores rurais em luta com proprietários de engenhos.

A partir de então surgiram algumas organizações civis com vistas a mobilizar os trabalhadores do campo e, tanto o Partido Comunista Brasileiro quanto a Igreja Católica disputaram os espaços de organização dos camponeses. Fernandes (2000) destaca que, nesse cenário, uma diversidade de lutas e tensões se espalhavam no meio rural pela defesa da posse de terra, contra os assassinatos de lideranças no campo, expulsões, grilagens de terras, migrações e geralmente tais atos violentos praticados por grandes fazendeiros e seus jagunços armados contavam com a conivência do Estado.

A partir da variedade de organizações no campo, iniciou-se um processo de unificação por meio da criação de sindicatos rurais, já que em 1962 houve o processo de regulamentação da sindicalização rural. Esse movimento culminou na criação da Confederação Nacional dos Trabalhadores na Agricultura (Contag), em 1963.

A partir da deflagração do Golpe Militar de 1964, as lutas do campo sofreram grande perseguição, lideranças foram presas e assassinadas, suas entidades representativas lançadas na ilegalidade e a possibilidade de luta política que vinha se intensificando pelos agentes do campo sofreu uma grande derrota.

Assim, com vistas a controlar a tensão social no campo, a estratégia dos governos militares visou realizar um plano de reforma agrária limitado e militarizado. Para Martins (1993), tal modelo apareceu enquadrado nos moldes institucionais e visou administrar os conflitos no campo, sendo realizado a partir da desapropriação de terras nas áreas marcadas por forte tensão social.

Como consequência da política desenvolvimentista dos governos militares e de sua crescente repressão aos movimentos sociais no campo, levando à expulsão e exploração de inúmeros habitantes da floresta (posseiros, seringueiros e índios), uma nova modalidade de luta começou a surgir apoiada pela Igreja Católica em 1975: a Comissão Pastoral da Terra (CPT) (MARTINS, 2000).

O propósito da CPT consistiu em prestar um serviço de assessoria aos trabalhadores, como também de promover reflexões e questionamentos sobre a situação de desigualdade em que se encontravam (POKER, 1997). De acordo com Martins (2000), a postura dos agentes pastorais da CPT permitiu destacar a complexidade de valores, das formas de relação com a terra e da dinâmica social dos camponeses, enfim, de sua cultura.

A postura pedagógica e de caráter religioso da CPT possibilitou uma aceitação no meio popular que, como destaca Gohn (1997), serviu de base para criação e ampliação dos movimentos sociais do campo e o fortalecimento dos sindicatos rurais, esvaziados pelo regime militar. A CPT teve papel decisivo junto à criação do Movimento dos Trabalhadores Sem Terra (MST), a partir do processo de abertura política no país com o fim do regime militar no início dos anos de 1980.

2 O MST e a criminalização de suas lutas

Com trinta anos de existência completados em 2014, o MST destaca-se como um dos maiores movimentos sociais da América Latina e, de acordo com Fernandes (2012), reúne em sua base social uma diversidade de atores que mantêm relações com a terra na qualidade de posseiros, pequenos agricultores, parceiros e trabalhadores assalariados que lutam por terra, reforma agrária e por alterações no modelo brasileiro de agricultura.

Sua trajetória vem sendo marcada por uma articulação em rede junto a movimentos sociais globais (GOHN, 2014, 2010) e instituições como partidos políticos, igrejas, bem como Organizações Não Governamentais e entidades dentro e fora do Brasil, como é o caso da Via Campesina.

Suas reivindicações vêm se integrando a questões que extrapolam interesses de lutas localizadas para uma dimensão em escala mundial (combate às sementes transgênicas, articulação com movimentos ambientais, valorização do modelo de produção baseado na agroecologia, luta contra o aquecimento global etc.).

Podemos assim dizer que o MST vem forjando nova fase de luta, já que ampliou alguns de seus objetivos em relação a quando se constituiu como movimento social, ou seja, a luta pela terra, incluindo temas como educação, saúde, gênero, políticas de crédito e assistência técnica, sustentabilidade ambiental e produtiva.

Algumas estratégias de luta do movimento são marcadas por atos de desobediência civil. A esse respeito, Poker (1997) destaca:

> O MST descrê por antecipação na vontade dos órgãos públicos em interferir por si mesmos na estrutura fundiária. Assim, organiza práticas de ocupação de terras públicas e privadas, tidas como improdutivas, colocando o Estado e seus representantes legais num impasse radical: reprimir ou ceder (p. 78).

Geralmente, as ocupações de terra resultam em ações de despejos das famílias e trabalhadores que ocuparam propriedades improdutivas. Segundo Escrivão Filho (2012), essas ações são realizadas por meio de uma ação judicial em que o suposto proprietário do imóvel ocupado pela comunidade ou movimento social reclama seu direito de propriedade. Assim, o Estado, por meio do Poder Judiciário e do aparato policial, mobiliza-se na tentativa de, em geral, acatar as solicitações dos proprietários.

Não são raras as ocasiões em que os despejos ocorrem com profunda violação dos direitos humanos em que trabalhadores são ameaçados de morte, assassinados, torturados, espancados e seus pertences incendiados.

Mesmo que a constituição do MST tenha se dado num contexto de efervescência de movimentos em prol da democratização da nossa sociedade, tem sido recorrentes práticas de criminalização de suas ações por agentes públicos e privados. De acordo com Santos (2012), a criminalização pode ser tida como um tipo de repressão conduzida por elites detentoras de poder econômico, militar e político com vistas a inibir as lutas empreendidas por movimentos sociais e a produzir uma associação "entre lutas e delitos, entre lutadores sociais e criminosos" (p. 674).

Sauer (2010) assinala a existência de ataques constantes ao MST por meio de três aspectos: a ilegalidade, por não se constituir como uma figura jurídica; ausência de legitimidade, já que a demanda por reforma agrária seria um tema superado; e a violência, ao escolher táticas de desobediência civil e ferir o direito de propriedade.

Esse conjunto de ações que reforçam a criminalização do MST são, para o autor, reflexos da cultura política de nosso país, já que as elites dominantes apresentam intolerância histórica com movimentos populares, promovendo isolamento político, cooptação e repressão.

Não são raras as situações em que o drama social gerado pela questão agrária se converte em caso de polícia ou produz grupos paramilitares organizados por grandes fazendeiros com vistas à perseguição de trabalhadores rurais em seus diversos contextos de luta. Dados da CPT (2014) para o ano de 2013 apontaram a ocorrência de 1.266 conflitos no campo (lutas por terra, água, relações de trabalho, conflitos), com 34 assassinatos.

O nosso país presenciou nas duas últimas décadas vários massacres contra trabalhadores rurais em processo de luta por terra, empreendidos por milícias, capangas e fazendeiros ou pelo próprio Estado e os julgamentos e punições dos seus autores são processos que se arrastam por anos no sistema judiciário. São conhecidos o Massacre de Eldorado dos Carajás, em 1996, quando policiais militares do Estado do Pará assassinaram 19 trabalhadores sem-terra; o massacre de Corumbiara, em Rondônia, com a morte de 11 pessoas e o massacre de Felisburgo, em Minas Gerais no ano de 2004, no qual foram assassinados cinco trabalhadores acampados. A partir de tal quadro, concordamos com Domingues e Rosa (2014, p. 118) ao assinalarem que:

Se não bastasse os assassinatos de que são vítimas, os integrantes do MST são postos na condição de criminosos e são responsabilizados por sua condição. Suas manifestações e reivindicações são constantemente deslegitimadas pela mídia e eles são vistos como representantes de um passado arcaico do qual parte da sociedade brasileira quer se livrar.

As estratégias de criminalização do MST vêm se dando por meio de vários órgãos do Estado, bem como de sua estrutura jurídica: pelo Poder Executivo (no ano de 2001 foi editada uma Medida Provisória que suspendia a vistoria de terras "invadidas" por um prazo de dois anos e a exclusão dos "trabalhadores invasores" do programa de reforma agrária); pelo Congresso Nacional (através da chamada bancada ruralista e seus projetos de lei e criação de comissões de investigação, como a CPI da Terra); pelo Poder Judiciário (as sentenças dadas para os casos de ocupação de terra e os conflitos agrários via de regra beneficiam os grandes proprietários, enquanto várias lideranças do MST são acusadas de crimes de formação de quadrilha, roubo etc.)[5], pelo Ministério Público e Tribunal de Contas. Curiosamente, aponta Sauer (2010), órgãos criados para fortalecer a estrutura democrática da sociedade é que estão se empenhando para desqualificar e punir movimentos sociais que historicamente ajudaram a construir o caminho da democracia no país.

Para esse autor, a criminalização dos movimentos sociais ganha sofisticação ao se substituir a violência direta, já que esta não ganha adesão da sociedade. Do contrário:

> A acusação de crime retira a legitimidade dessas demandas, pois transformam os atores em criminosos e agitadores, pessoas à margem da lei e da ordem. Um de seus principais objetivos é deslegitimar as ações, diminuindo a sua força política (eficácia do contrapoder) e retirando a solidariedade de outros setores da população (SAUER, 2010, p. 124).

Outro agente que tem contribuído para a produção de um discursivo aversivo em relação ao MST são os aparatos midiáticos

---

5. Sauer (2010) destaca que entre 2000 e 2004, foram expedidos 48 mandados de prisão contra lideranças do MST somente na região do Pontal do Paranapanema, SP.

(redes televisivas, jornais impressos e revistas semanais de grandes corporações). Esses veículos têm se ocupado em desqualificar e produzir uma imagem violenta, periculosa e ameaçadora dos movimentos sociais, com o reavivamento de ideias do final do século XIX que creditavam uma força irracional e descontrolada às multidões, como aquelas defendidas pelo médico Nina Rodrigues.

Se inicialmente o MST gozava de um amplo espaço midiático nacional dada a legitimidade do seu pleito, não tardou para que sua imagem, suas práticas e seus integrantes fossem atacados constantemente por inúmeras matérias jornalísticas a ponto de se ver circulando representações com conteúdo pejorativo e preconceituoso em relação ao movimento. Gohn (2010) aponta que a mídia passou a utilizar o MST para produção de sentimento de insegurança e medo perante a opinião pública. Assim, a mídia dominante tem contribuído sistematicamente para fortalecer as estratégias de criminalização de suas ações, bem como a dos movimentos sociais em geral (SANTOS, 2012).

3 Sujeitos políticos e transformação social

Os movimentos sociais apresentam um papel fundamental no processo de democratização da sociedade brasileira, especialmente desde o fim do golpe militar. Suas ações vêm se somando a agentes não governamentais e institucionais no âmbito de conselhos, fóruns, assembleias e inaugurando um novo momento da relação sociedade civil e Estado que, de acordo com Gohn (2014, p. 80):

> Novos e antigos atores sociais fixaram suas metas na conquista de espaços na sociedade política, especialmente nas parcerias que se abrem entre governo e sociedade civil organizada, via políticas públicas. Houve, portanto, uma ampliação do leque de atores sociais, assim como uma ampliação do campo da sociedade civil. Disso resultou um descentramento dos sujeitos históricos em ação, antes focados nas classes populares e nos movimentos populares. Surgem novas facetas à cidadania tais como o exercício da civilidade e a responsabilidade social do cidadão como um todo.

Sendo assim, a ocupação da cena pública vem sendo exercício cada vez mais frequente e necessário para o fortalecimento de uma cultura democrática. Nesses termos, O MST tem participado ativamente desse processo ao estabelecer negociações e pressões não só junto aos agentes institucionais do campo agrário, mas da educação, saúde, produção agropecuária. Disso resulta sujeitos políticos com ganhos de protagonismo e de ativismo na nossa sociedade.

Alguns estudos no campo das ciências sociais, psicologia social e psicologia política têm apontado a destacada importância que o processo de participação no âmbito dos movimentos sociais e, em especial do MST, tem para a produção desses sujeitos políticos capazes de contribuir com a criação dessa cultura democrática e da luta incessante por cidadania, autonomia e protagonismo social.

Para Sauer (2010), ao trabalhar com os pressupostos do respeito aos direitos humanos e da soberania popular, o MST dá vitalidade ao tema da democracia, pois "exercendo o espírito democrático de participação e reivindicação, afirma os direitos de cidadania dos camponeses, sem perder de vista o conjunto de direitos dos demais setores da classe trabalhadora" (p. 133).

A despeito das inúmeras formas de violência sofrida por militantes do MST no processo de luta por terra, Domingues e Rosa (2014) destacam como o ambiente social do movimento permite aos seus integrantes um processo de elaboração do sofrimento e da humilhação social vividos e da construção de sujeitos políticos engajados em ações de luta, de modo a transformar a dor vivida em resistência política.

Alvaides e Escopinho (2013), a partir de um estudo sobre memória e identidade social em assentados vinculados ao MST, pontuam que este, por valorizar princípios organizativos que dialogam com as tradições culturais dos trabalhadores rurais em seus campos de memória, visa estabelecer a possibilidade de vivência de unidade e coletividade. Como assinalam:

> Resgatar memórias e fazê-las dialogar com os princípios organizativos propostos pelos movimentos sociais pode contribuir no processo de formação dos trabalhadores

rurais assentados para fortalecê-los na luta contínua pela superação das inúmeras dificuldades enfrentadas no cotidiano, que levam à fragmentação política e à evasão dos projetos de assentamento (ALVAIDES & ESCOPINHO, 2013, p. 296).

Ao longo de investigações a respeito do MST, Leite e Dimenstein (2011, 2010) têm advogado que o referido movimento, ao colocar-se em rede com outras modalidades de reivindicações, vem-se configurando como um regime de subjetivação que visa a produção de sujeitos em sintonia com seu ideário político.

Para os autores, ao visar as subjetividades de seus integrantes, o MST acaba se colocando numa ordem de enfrentamento que, por um lado tenta promover uma identidade coletiva ou unidade entre seus membros por meio de uma simbologia como é o caso da presença marcante de elementos simbólicos (hinos, canções, místicas, bandeiras, instrumentos de trabalho etc.) e, por outro lado, de acolher a heterogeneidade de integrantes que marcam o MST.

Assim, O MST vem operando com uma tentativa de "acolhimento" dessa heterogeneidade que marca seus integrantes. Essa diversidade pode ser expressa pelas relações de trabalho, nível de escolaridade e de idade, orientação religiosa e relações de gênero. Desse modo, a diversidade de componentes do MST lança ao próprio movimento demandas de luta que até então não vislumbrava, fazendo dele um intercessor para pô-las em marcha.

Diante do exposto, é visível o legado que o MST apresenta como importante agente da democratização de nossa sociedade, da capacidade que seus atores apresentam de se converter em sujeitos políticos que ensaiam atos importantes de luta social pela cidadania, pelo acesso não só a bens materiais, mas ao reconhecimento da legitimidade de suas reivindicações.

Nesses termos, operar com estratégias de desqualificação e criminalização de um movimento do espectro do MST e de tantos outros que vêm tentando tensionar o debate sobre o projeto de sociedade que temos e o que queremos é um ato de profundo retrocesso do que até agora se conquistou, a duras penas, para o estabelecimento de uma cultura democrática em nosso país.

Referências

ALVAIDES, N.K. & SCOPINHO, R.A. (2013). De sem-terra a Sem-Terra: memórias e identidades. *Psicologia & Sociedade*, 25 (2), p. 288-297.

CHAVES, E.S. (2003). Nina Rodrigues: sua interpretação do evolucionismo social e da psicologia das massas nos primórdios da psicologia social brasileira. *Psicologia em Estudo*, 8 (2), p. 29-37.

CPT (2014). *Conflitos no campo* – Brasil 2013. Goiânia: CPT Nacional.

DOMINGUES, E. & ROSA, M.D. (2014). Violência, humilhação social e a luta por reconhecimento: a experiência do MST. *Subjetividades*, 14 (1), p. 117-127.

ESCRIVÃO FILHO, A. (2012). Despejos. In: CALDART, R.; PEREIRA, I.B.; ALENTEJANO, P. & FRIGOTTO, G. (orgs.). *Dicionário da Educação do Campo*. Rio de Janeiro/São Paulo: Fiocruz/Expressão Popular, p. 210-215.

FERNANDES, B.M. (2012). Movimento dos Trabalhadores Rurais Sem Terra (MST). In: CALDART, R.; PEREIRA, I.B.; ALENTEJANO, P. & FRIGOTTO, G. (orgs.). *Dicionário da Educação do Campo*. Rio de Janeiro/São Paulo: Fiocruz/Expressão Popular, p. 496-500.

_____ (2000). *A formação do MST no Brasil*. Petrópolis: Vozes.

GOHN, M.G. (2014). Pluralidade da representação na América Latina. *Revista Sociedade e Estado*, 29 (1), p. 73-90.

_____ (2010). *Movimentos sociais e redes de mobilizações civis no Brasil contemporâneo*. Petrópolis: Vozes.

_____ (1997). *Teorias dos Movimentos Sociais:* paradigmas clássicos e contemporâneos. São Paulo: Loyola.

GUTIÉRREZ, A. (2014). Antônio Conselheiro e o romance canudiano. In: PATRÍCIO, D. & COSTA, O. (orgs.). *De Quixeramobim a Belo Monte:* olhares sobre Antônio Conselheiro. Fortaleza: Expressão, p. 105-125.

LEITE, J.F. & DIMENSTEIN, M. (2011). Processos de subjetivação da militância política do Movimento dos Trabalhadores Rurais Sem Terra. *Polis & Psique*, 1 (2), p. 13-36.

_____ (2010). Movimentos sociais e produção de subjetividade: o MST em perspectiva. *Psicologia & Sociedade*, 22 (2), p. 269-278.

MACEDO, J.R. & MAESTRI, M. (2009). *Belo Monte:* uma história da Guerra de Canudos. São Paulo: Expressão Popular.

MARTINS, J.S. (2000). *Reforma Agrária:* o impossível diálogo. São Paulo: Edusp.

_____ (1993). *O poder do atraso*. São Paulo: Hucitec.

MORAIS, C.S. (2002). História das ligas camponesas do Brasil. In: STÉDILE, J.P. (org.). *História e natureza das Ligas Camponesas*. São Paulo: Expressão Popular, p. 11-69.

MOVIMENTO DOS TRABALHADORES RURAIS SEM TERRA (MST) (2007). Textos para estudo e debate – *5º Congresso Nacional do MST*. São Paulo: Secretaria Nacional.

ODA, A.M.G.R. (2000). Nina Rodrigues e a loucura epidêmica de Canudos. *Revista Latinoamericana de Psicopatologia Fundamental* 3 (2), p. 139-144.

POKER, J.G.A.B. (1997). A utopia em processo de experimentação. *Raízes* – Revista de Ciências Sociais e Econômicas, XV, 15, p. 77-89.

RICCI, R. (1999). *Terra de ninguém* – Representação sindical rural no Brasil. Campinas: Unicamp.

SAUER, S. (2010). *Terra e modernidade:* a reinvenção do campo brasileiro. São Paulo: Expressão Popular.

SANTOS, A. (2012). Repressão aos Movimentos sociais. In: CALDART, I.B.P. & ALENTEJANO, P. & FRIGOTTO, F. (orgs.). *Dicionário da Educação do Campo*. Rio de Janeiro/São Paulo: Fiocruz/Expressão Popular, p. 210-215.

5

As políticas da afetividade na Parada LGBT de Goiânia*

Domenico Uhng Hur
Thales Cavalcanti e Castro
Tanieli de Moraes Guimarães Silva
Gabriel Mendonça Silveira
Nayara Ruben Calaça di Menezes
Karina Oliveira Martins
Gervásio de Araújo Marques da Silva
Larissa Rodrigues Moreira
Douglas Alves Viana
Fernando Lacerda Jr.

Os movimentos sociais de gênero e diversidade sexual irromperam como um novo acontecimento na sociedade e no campo dos estudos das mobilizações sociais. Trata-se de um fenômeno

---

* Este texto é desdobramento de atividade realizada com os estudantes da disciplina "Psicologia, Política e Ideologia II", da Universidade Federal de Goiás. Agradecemos aos estudantes e psicólogos que auxiliaram na pesquisa e na aplicação de questionários.

social diverso, que não segue a lógica da luta de classes sociais, não ocorre nas instituições políticas tradicionais, como o sindicato ou o partido político e não habita apenas o terreno *molar*, dos grandes debates políticos e instâncias decisórias. Os movimentos sociais de diversidade sexual trouxeram à tona um tema que aparentemente é "reprimido" no âmbito social, visto com um misto de tabu e curiosidade: a sexualidade e sua diversidade.

Entretanto, longe da sexualidade ser reprimida, os discursos sobre o sexo são os mais incitados (FOUCAULT, 2006). No espaço privado é falado, narrado e sussurrado entre grupos de amigos, seja como confidências, histórias espetaculares, ou fofocas. Na grande mídia, a sexualidade das "celebridades" geralmente é tema de grande visibilidade e, algumas vezes, polêmica. No espaço dos especialistas psi, tecnólogos do sexo têm sua escuta especializada e tratam da sexualidade com o *know-how* do *expert*. No entanto, muitas vezes este *know-how* funciona a partir da reterritorialização da sexualidade ao plano das normas codificadas socialmente. Ao invés de se abrir à multiplicidade de expressões da sexualidade, tratam por reduzi-la à norma do binarismo sexual e da heterossexualidade, mantendo e perpetuando os mesmos códigos sociais. Tal reprodução das normas sociais pelos saberes psi não é nenhuma novidade.

Ao tomar a história da Psicologia, constata-se que não é de hoje que os saberes psi reproduzem os valores sociais. Um exemplo conhecido é o estatuto de cientificidade que se atribuiu à eugenia no começo do século XX, hierarquizando a superioridade de uma raça sobre outra. Portanto, muitas vezes os saberes psi dão um "verniz científico" às normas, valores e preconceitos sociais, sendo mais um instrumento de normalização, do que de potencialização. Então os movimentos sociais de diversidade sexual trazem à tona uma espécie de ruptura ao pacto social da normatização social da sexualidade. Expressam que não há apenas a identidade de gênero de homens e mulheres, e que estes não transam apenas um com outro, como se fossem os polos positivo e negativo do sistema elétrico.

A Parada do Orgulho LGBT (Lésbicas, Gays, Bissexuais e Transgêneros) é uma manifestação pública, de rua, que violenta e fissura os códigos instituídos, mostrando que a sexualidade é muito mais complexa e indomável do que se previa; e que o polimorfismo sexual atribuído à criança não é, tal como propõe Freud (1905/1976), superado pelo recalque e pela triangulação edípica. Este é um ilustrativo exemplo de discurso psi atrelado aos processos de domesticação social da sexualidade, em que se utiliza o termo "polimorfo perverso" para referir-se a um "pluralismo sexual". Não é à toa que o termo "perversão" foi empregado por Freud para denominar outras expressões sexuais. Criticamos o uso do "perverso" como patologização de uma conduta, mas o defendemos ao pensá-lo como aquele que "versa por outros lados", outros caminhos, além do que está codificado.

Não apenas o termo "perversão" enquanto patologização, mas também uma série de outros adjetivos pejorativos, depreciadores e até humilhantes são utilizados para se referir àqueles que não se adequam aos códigos instituídos do binarismo sexual e da heterossexualidade. Tal modo de relação faz com que se instaure uma estigmatização social que agride e despotencializa quem não compartilha da heteronormatividade. Gera-se uma atribuição de patologização relacionada à sexualidade: os que reproduzem os códigos sociais são os "normais", e os que fogem deles são os "anormais". De forma correlata há uma configuração de poder que reproduz a normalização, atribuindo-se um lugar subalternizado aos *gays*, lésbicas, bissexuais, travestis, transgêneros, transexuais etc. Um lugar que se assemelha ao que Agamben (2002) denomina de *homo sacer*, uma categoria emblemática para descrever como alguns segmentos sociais estão duplamente excluídos na atualidade, o homem matável e não sacrificável, ou seja, de uma pessoa que pode sofrer uma violência sem estar protegido pelas jurisdições humana e divina. Exemplos de *homo sacer* são os muçulmanos impunemente torturados na Prisão de Guantánamo, os moradores de rua que foram exterminados em Goiânia nos anos de 2012/2013, e *gays*, lésbicas, bissexuais, travestis e transgêneros que sofrem uma violência cotidiana e reiterada. O discurso do senso comum chega ao cúmulo de justificar o assassinato de travestis, denominando-as como "prostitutas em serviço", e por isso criminalizando-as, ao invés de apreender seu lugar de vítimas. Ainda repetimos a "lógica da Geni" (BUARQUE, 1979), transamos, esbaldamo-nos, somos penetrados por ela, obtendo muito prazer, para depois voltar a jogar pedra e assim sucessivamente.

Como consequência da norma sexual instituída, há um montante de pessoas da população LGBT que se culpabiliza pelo seu desejo, reprimindo-o, escondendo-o no armário. Alguns se forçam a ter relações sexuais com pessoas do gênero oposto e chegam até o limite de se casar com este outro, achando que "magicamente" conseguirão represar seu desejo homoerótico. Mas pelo contrário, trazem assim uma relação insatisfatória não apenas para si, senão a infelicidade para o par. Outros chegam a traçar linhas mais trágicas, em que tentativas de suicídio são uma constante, devido às reiteradas situações de exclusão e preconceito às quais são submetidos, que resultam numa autoculpabilização do próprio desejo. Produz-se assim vidas e corpos despotencializados, que podem reproduzir e perpetuar o sofrimento vivido. Ressaltamos que os saberes psi em muitos casos contribuem para essa despotencialização da vida e intensificação do sofrimento. Devido à reprodução do preconceito praticado por inúmeros psicólogos, o próprio Conselho Federal de Psicologia expediu uma resolução (Resolução CFP 01/1999) que proíbe que os psicólogos tratem a homossexualidade como doença. Mas ainda há muitos psicólogos que discordam dela e, com o apoio de setores religiosos no parlamento federal, como o Deputado João Campos, de Goiás, que lutam pela legalização da chamada "cura *gay*".

Todavia, as lutas e movimentos de gênero vão na contramão desse processo de despotencialização que abordamos. Nas ruas e no campo institucional, os movimentos sociais LGBT lutam pela expressão de sua singularidade, diversidade e desejo, indo além do binarismo sexual. As paradas LGBT são os acontecimentos que visibilizam de forma mais incisiva as bandeiras dos movimentos LGBT para a sociedade. Expressam as lutas políticas em prol do reconhecimento da diversidade de gênero e sexual e são um espaço privilegiado de organização política (SILVA, 2008, 2011). Ocorrem em cidades do mundo inteiro, agregando milhares e em alguns casos, milhões de pessoas.

O objetivo deste capítulo é conhecer a Parada LGBT de Goiânia e as opiniões de seus participantes, para discutir como aparece a relação entre afetividade, conscientização e participação política. Qual é a percepção que os participantes têm sobre a Parada LGBT? Há relação entre afetos e a conscientização acerca das lutas políticas de diversidade sexual ou entre afetos e vontade de participar coletivamente?

Assim, pesquisamos se há uma relação entre a potencialização de afetos positivos com o processo de conscientização política. Levantamos a hipótese de que a afetividade presente na Parada LGBT, como espaço político, festivo e sexual, pode atuar como dinamizador político aos distintos atores sociais.

Para discutir tal temática realizamos uma pesquisa em 2013 na XVII Parada do Orgulho LGBT de Goiânia. A pesquisa foi realizada de duas formas: observação-participante e aplicação de questionário tipo *survey* (CRESWELL, 2010). A observação teve como função descrever aspectos emergentes da Parada, enquanto o questionário buscou investigar o perfil da população participante, conhecer representações gerais dos participantes sobre a Parada e levantar possíveis relações entre afetividade e política.

1 Participantes e instrumentos

A amostra de participantes foi escolhida aleatoriamente em uma população intencionalmente delimitada: participantes da Parada do Orgulho LGBT de Goiânia. Foram aplicados 145 questionários em pessoas que percebem sua identidade de gênero como masculina (46,9%), feminina (46,2%) e trans (6,2%), além de uma pessoa que afirmou não ter nenhuma. Na mesma amostra, as pessoas identificaram sua orientação sexual como *gays* (38,6%), lésbicas (28,3%), heterossexuais (22,1%) e bissexuais (11%).

O questionário tinha 27 questões, divididas em duas seções. Na primeira, constavam seis perguntas de identificação, referentes ao registro dos participantes quanto à identidade de gênero, orientação sexual, cor, idade, religião e escolaridade. A segunda seção do instrumento era composta por 21 questões, sendo uma pergunta aberta, uma de escala dicotômica e 19 perguntas estruturadas por meio da Escala Likert, com cinco possibilidades de respostas. A pergunta aberta pedia as três primeiras palavras que os participantes atribuíam à Parada LGBT e a pergunta de escala dicotômica pedia para o participante indicar se aquela era a primeira participação no evento ou não. As demais perguntas do questionário indagaram aspectos como: o significado da Parada LGBT para os participantes, as possibilidades de expressão das identidades de gênero e orientações sexuais no cotidiano e na Parada, o papel político da Parada para a visibilidade e conquista de direitos da comunidade LGBT, o aumento de afetos positivos, da conscientização e da vontade de participar politicamente após tomar parte da Parada. As escalas Likert são utilizadas para mensurar a intensidade do sentimento ou atitude quanto à determinada afirmação, ou série de afirmações apresentadas em ordem, geralmente de 1 a 5 (BELL, 2008). Desse modo, quanto mais elevado o quociente (transitando entre nada e muito) escolhido dentre as opções apresentadas, maior a aceitação e/ou concordância e, consequentemente, o inverso para se referir à discordância com o item.

2 Gênero e a Parada LGBT

As relações entre afetos, participação e conscientização demarcam um tema de grande importância para a Psicologia Política latino-americana, havendo na atualidade variados estudos e pesquisas sendo desenvolvidos. Vale citar que entre as décadas de 1970 e de 1990, no campo dos estudos sobre o gênero, os temas da mulher, do feminino e da violência de gênero eram preponderantes, enquanto nas últimas duas décadas, a diversidade sexual, a corporeidade, os diversos movimentos de gênero e a Teoria *Queer* tomaram espaço na produção acadêmica na Psicologia. As reflexões de Judith Butler (2010) são referência para a desconstrução da naturalização do sexo e gênero. Para a autora, gênero está entrelaçado não apenas às questões biológicas, mas também culturais e políticas, que comportam categorias de identidade que são "[...] efeitos de instituições, práticas e discursos cujos pontos de origem são múltiplos e difusos" (BUTLER, 2010, p. 9). A autora constrói a ideia de que gênero tem um caráter performativo no sentido de constituir uma identidade que supostamente é fixa e estável. "Não há identidade de gênero por trás das expressões do gênero; essa identidade é performativamente constituída, pelas próprias expressões tidas como seus resultados" (BUTLER, 2010, p. 48). Esses aspectos são organizados dentro da matriz heterossexual, que instaura a norma e codificação social por meio das quais os corpos, gêneros e desejos são naturalizados. No processo de normalização/normatização social as pessoas somente se tornam inteligíveis ao adquirir o gênero em conformidade com padrões normalizados, tendo que seguir o imperativo instituído de coerência e continuidade entre sexo, gênero, prática sexual e desejo. Entretanto, consideramos que os movimentos sociais de diversidade sexual vêm romper com estes códigos instituídos e esta suposta coerência.

As paradas são imensas manifestações de rua que visam comemorar o dia do orgulho LGBT. Historicamente, surgem em ressonância com as mobilizações desejantes e do devir revolucionário do mítico Maio de 68, que não se restringiu apenas às barricadas de Paris, mas se disseminou no mundo inteiro assumindo diferentes configurações: a revolução molecular também foi atualizada no âmbito da sexualidade. Ativistas *gays* norte-americanos se organizaram politicamente em uma associação intitulada Frente de Libertação Gay (FLG), que se multiplicou em muitas células ao longo do mundo. Em 1969, na cidade de Nova York, houve um acontecimento que se tornou um marco para o movimento *gay*, a mítica "rebelião de Stonewall". A polícia, numa ação para tentar interditar o bar, reprimiu com violência o público *gay* que há muito ali se encontrava. No entanto, ao invés de uma passividade frente ao Estado, os frequentadores resistiram à ação policial em uma batalha que durou todo fim de semana. Palavras de ordem como "Poder Gay", "Sou bicha e me orgulho disso" eram gritadas (FRY & MacRAE, 1985). Tal resistência gerou um empoderamento coletivo, que mobilizou, posteriormente, a criação do dia do "Orgulho Gay" para marcar essa data de insurgência e revolta. Trata-se, portanto, da constituição de uma subjetividade insurgente que se potencializou a partir da luta, da mobilização e configuração de uma rede de poder coletiva. De tal maneira que no ano seguinte, nessa mesma data, foi organizada a primeira Parada pelo "Orgulho Gay". "Orgulho", pois é o contrário da vergonha e da marginalização incitadas pela norma sexual codificada. Portanto, é a transição da vergonha e da invisibilidade para a afirmação do desejo e da visibilidade do próprio ser. Mostrar ao mundo o que é considerado como fora da norma, como anomalia. E se orgulhar da manifestação da própria singularidade e diversidade.

Não sem conflitos e bloqueios as paradas se multiplicaram, ocorrendo em diversos países. As marchas do "Orgulho Gay" no

Brasil tiveram seu início na década de 1990 (SILVA, 2011). Em 1995 na Praça Roosevelt em São Paulo, reduto cultural cheio de teatros alternativos e barzinhos, ocorreu importante manifestação do Orgulho Gay, contando com a participação de cerca de 200 pessoas. Assumiu um caráter político forte, assemelhando-se a uma manifestação sindical. No entanto, intervenções transgressivas e bem-humoradas, como a da travesti Silvetty Montilla, já prenunciavam que se gestava um outro tipo de movimento político. Esse encontro adquiriu grande importância, pois serviu como catalisador dos movimentos LGBT na cidade (SILVA, 2006, p. 276).

A primeira Parada ocorreu dois anos depois, em 1997, quando diversos coletivos sociais se encontraram no vão do Masp – Museu de Arte de São Paulo, planejando fazer a marcha até a Praça Roosevelt. Os organizadores temiam que não houvesse participação, mas duas mil pessoas apareceram, gritando palavras de ordem e agitando bandeiras, dando um caráter fortemente político ao evento (SILVA, 2006, p. 278). A partir de então as paradas passam a ter um crescimento exponencial até atingir a cifra de mais de um milhão de pessoas no ano de 2003 e cerca de três milhões desde 2007.

A primeira Parada de Goiânia, que ainda não tinha este nome, foi um ato público que ocorreu no ano de 1996 para celebrar o Dia do Orgulho Gay e não teve a pompa e festa que vemos atualmente. "A manifestação contou, nas palavras de um entrevistado, apenas com a presença de '9 *gays*, 20 policiais e a imprensa local', e foi articulada a partir da ação de integrantes da Associação Ipê Rosa e do Grupo Pela Vidda" (BRAZ & MELLO, 2012, p. 40). Houve um grande aparato militar repressivo para conter a manifestação, sendo que os participantes apenas fizeram um abraço simbólico em torno do Monumento às Três Raças, no centro da capital goiana. As paradas em Goiás também passaram por um crescimento vertiginoso e estima-se que sua 17ª edição em 2013 contou com a participação de cento e vinte mil pessoas.

Nas paradas, diferente de outras manifestações políticas, não se trata apenas de reivindicar, de lutar contra, mas sim de se expressar, de ocupar o espaço público, numa afirmação do ser, do desejo e da diferença. Ocupar as ruas e expressar a singularidade e diversidade frente às dicotomias instituídas é sinônimo de luta e afirmação da singularidade sexual. Consideramos que expressar as multiplicidades relacionadas ao gênero é trazer à tona uma questão política que remete às relações de poder e de forças que colocam o binarismo sexual em suspeição. As paradas, os movimentos sociais e os estudos de gênero operam como dispositivos que desconstroem a dicotomia molar entre homem e mulher, rompendo com as identidades instituídas pelos modelos normalizadores e codificados socialmente, abrindo espaço a uma *sexualidade molecular* (DELEUZE, 2014). Criticam a heteronormatividade, o falocentrismo e a sociedade patriarcal, estruturada sob o primado da figura do homem, em que este aparece como gênero universal e que silencia o feminino e outros gêneros que podem subverter tal lógica instituída. Traça-se, assim, linhas de fuga frente às normas sociais codificadas e valoradas, rompendo com os limites de compatibilidade dos códigos sociais instituídos. Fissura-se a norma social como forma de suturar a ferida coletiva que a norma impinge cotidianamente nestes atores sociais.

3 Festa e política

Além das bandeiras políticas que pregam o direito e o reconhecimento à diversidade sexual, a Parada se assemelha muito mais a uma festa, do que a uma manifestação tradicional. Em realidade, sua singularidade é congregar as duas facetas num mesmo evento (JESUS, 2013). Aproximadamente metade do público entrevistado na pesquisa realizada na Parada de Goiânia considera que a Parada é festa e política ao mesmo tempo. 40% considera que é mais festa que política, ou puramente festa, e apenas 11% considera que é mais política que festa, ou só política, conforme podemos ver na figura abaixo.

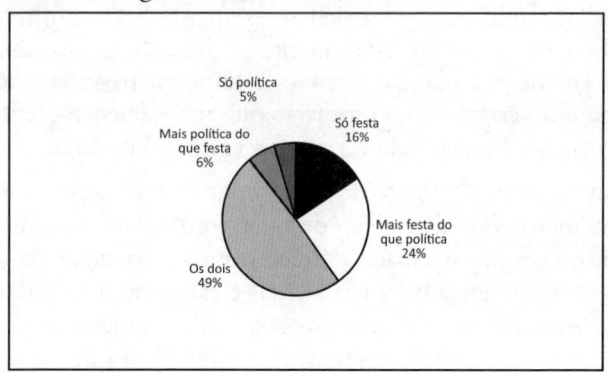

Figura 1 A Parada LGBT de Goiânia para os participantes

O fato de parte significativa dos participantes (40%) ressaltar mais o caráter de festa do que de política da Parada, pode fazer com que muitos, numa análise precipitada, julguem que é um espaço despolitizado, de "oba-oba", no qual o político e as reivindicações LGBT se banalizaram. Será que é um juízo acertado, ou então os movimentos de diversidade sexual nos trazem uma ampliação da concepção de política?

As representações "abertas" dos participantes sobre a Parada também ressaltam o caráter festivo e de experiência positiva da Parada em detrimento do político. Ao solicitarmos que falassem três palavras que associam ao pensar na Parada, tivemos um montante de 414 respostas. As palavras mais respondidas, que tiveram dez ou mais ocorrências, foram as seguintes: *respeito* (34), *liberdade* (25), *festa* (23), *diversão* (20), *alegria* (15), *beijar* (15), *direito* (14), *igualdade* (11) e *beber* (10).

Em um primeiro momento, agrupamos algumas palavras ou expressões que pertenciam ao mesmo campo semântico por similaridade. Por exemplo, em uma série geral (festa) foram agrupadas palavras como: *beijar, beijar muito, beijar na boca, beijo na boca*. Aglutinamos outros conjuntos de palavras, como: *direito, direitos iguais. Beber, bebida, bebidas. Diversidade, diversidade sexual. Curtição, curtir*; etc. Em seguida, os conjuntos de palavras foram agrupados em cinco categorias: *festa, conscientização política, sentimentos positivos, sentimentos negativos* e *outros*. A primeira categoria reuniu termos ligados ao caráter festivo, como festa, *show, micareta, diversão*, e de cunho sexual, como *sexo, tesão, putaria, safadeza, beijo,* relativos à Parada. As respostas que compuseram a categoria *conscientização política* eram relativas ao caráter de afirmação e resistência da Parada, sendo utilizados termos como *direito, reivindicações, igualdade, diversidade* e *visibilidade*. A terceira reuniu termos mais genéricos ligados a relações e vínculos positivos, tais como *respeito, liberdade, convivência, amor, união, bom, amigos*. A categoria *sentimentos negativos* reuniu termos ligados a violências vivenciadas ou percebidas pelos participantes, bem como avaliações negativas sobre organização e caráter da Parada como *agressão, opressão, homofobia, bagunça, baderna, desorganização, despolitizada, invisibilidade lésbica*. A categoria *outros* reuniu palavras cujo sentido não estava claro no contexto das respostas dos participantes, como *gay, homem, gente, multidão*.

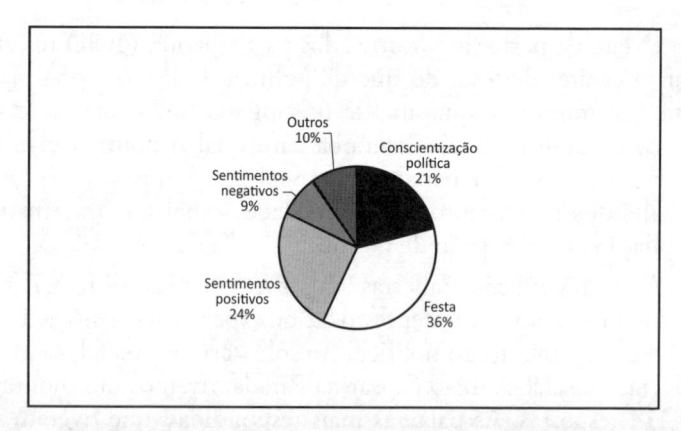

Figura 2 Palavras associadas pelos participantes para se referir à Parada LGBT

Constata-se assim que 69% das palavras associadas dos participantes correspondem a questões festivas e de ordem existencial (sendo 60% positivas), enquanto apenas 21% das palavras expressam questões eminentemente políticas do encontro. Tal dado pode deixar a entender que a Parada está trabalhando mais o âmbito da afetividade, ao invés do político. Vale ressaltar também que apenas 9% das respostas referem-se a sentimentos negativos, enquanto 24% aos positivos.

4 Afetividade, festividade e potência

Consideramos que a Parada não é uma festa de rua tradicional, como um carnaval. Aproxima-se mais de um *simulacro* do carnaval, reatualizado, característico do terceiro milênio, carnaval ciborgue, se adaptarmos a este contexto a terminologia de D. Haraway (2009). Ao invés do carnaval elitizado do sambódromo, no qual há uma separação demarcada entre um público que assiste pagante e as pessoas desfilando, muitas também pagantes, a configuração é totalmente diversa. Pessoas saem e se misturam, fantasiadas, maquiadas, montadas, desmontadas, onde não há separação entre público e participantes, num agenciamento caótico. Não há que se pagar por ocupar o espaço público. Não se torce pela vitória de uma escola de samba, como se fosse uma partida de futebol; todos e todas estão festejando, e não há perdedores. Carros de som alternam música eletrônica no último volume com discursos politizados dos organizadores e participantes de associações LGBT. *Drags*, transsexuais, travestis, transgêneros, bissexuais, lésbicas, *gays*, heterossexuais, cis, trans, um sem fim de categorias que embaralham e invertem os códigos sociais, bebem, dançam e se divertem. Diversas expressões identitárias rompem as codificações de gênero. Produções e expressões corporais que apelam ao diverso, instaurando assim linhas de fuga frente ao instituído. Simulacros, anomalias diferenciais, forças orgiásticas e dionisíacas são corporificados. Numa atualização da desmedida, da *hybris*, num autêntico espírito de libertinagem, participantes da Parada lançam-se ao excesso do sexo, do álcool e de outras drogas. Pessoas se beijando, independente dos gêneros ou do número, em algumas vezes formam aglomerados de corpos que se tornam um bacanal, no qual qualquer transeunte pode participar, até a polícia chegar para dispersar. Entretanto, tal conjunção carnal e coletiva no espaço público atenta contra os códigos sociais e a imagem de pensamento instituídos. É algo que afugenta e intimida aqueles acostumados à política tradicional, que franzem o cenho e repetem como um chavão: "A Parada está despolitizada". Mas será que essa afetividade exacerbada está cindida de um empoderamento político?

Com o intuito de analisar se a Parada pode ser compreendida enquanto um dispositivo de potencializacão da afetividade perguntamos aos participantes se após participar dela se sentem mais felizes/alegres/potentes. Conforme gráfico abaixo, 56% sentem-se muito e bastante alegres, 23% mais ou menos e apenas 21% nada ou pouco.

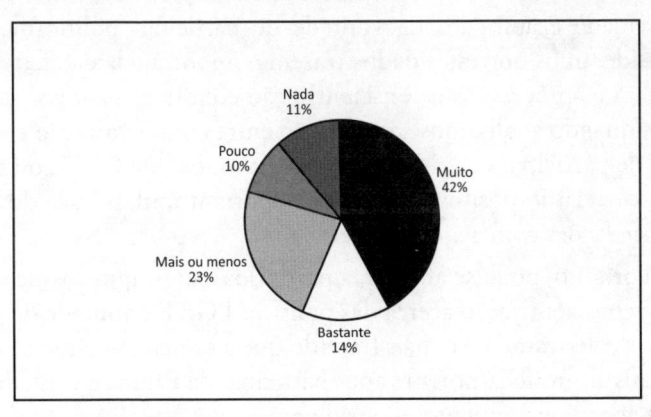

Figura 3 Aumento do grau da afetividade após participar da Parada LGBT

Constata-se assim que cerca de 3/5 dos participantes têm um aumento no grau de afetividade após participar da Parada. Esse é um dado importante para pensarmos se há uma relação entre o aumento da afetividade positiva (sentimento de alegria, felicidade e potência) e participação política. Na Psicologia Política latino-americana compreende-se que cognição, afetos e atitudes são aspectos indissociáveis e irredutíveis um ao outro, no entanto os estudos que articulam consciência, participação política e afetividade ainda estão em desenvolvimento (cf. cap. 1). Portanto, em nossa pesquisa buscamos articular a dimensão da afetividade com consciência e participação política. Será que há alguma correlação estatística entre as distintas dimensões? Para tanto, foi realizada uma análise das correlações mais significativas (r de Pearson e teste de significância bicaudal, considerando apenas correlações com $p < 0,01$) entre as dimensões levantadas pelo questionário. Ao realizar um tratamento estatístico nas respostas dos participantes, encontramos os seguintes resultados entre aumento da afetividade e os outros dois aspectos.

Deparou-se com significativa e forte correlação positiva entre aumento da afetividade e aumento da conscientização acerca das políticas LGBT ($r = 0,427$). Também foi identificada forte correlação positiva entre o aumento da afetividade e a vontade de participar politicamente ($r = 0,475$).

Encontramos assim uma correlação significativa entre aumento da afetividade e aumento da conscientização, bem como entre afetividade e aumento da vontade de participar politicamente. Consideramos que estes dados trazem a importância da afetividade para os processos de conscientização e participação. Por outro lado, quando analisamos a correlação entre conscientização e vontade de participar coletivamente encontramos r de 0,371, ou seja, uma correlação positiva moderada e, portanto, mais fraca do que as correlações com a afetividade.

Portanto, pode-se afirmar, a partir dos dados, que a associação entre conscientização acerca das políticas LGBT e vontade de participar coletivamente é mais fraca do que a associação entre se sentir mais alegre/feliz/potente após participar da Parada e vontade de participar politicamente. Consideramos que este é um resultado surpreendente, pois não se imaginava que a dimensão da afetividade seria mais significativa que a dimensão da consciência para a vontade de participar politicamente. Dessa forma, entende-se que não importa apenas ter um saber cognitivo acerca das causas e lutas políticas, mas também se deve ser *afetado* por tal movimento para a assunção de uma participação política. Entendemos assim, que a dimensão festiva e o que traz alegria são tão importantes quanto os processos de conscientização para a vontade de participar politicamente do movimento social. A afetividade e a festividade não devem ser cindidas da tarefa política e a "revolução", sim, pode ser uma festa.

Estes dados corroboram a tese defendida por Vilas, Gómez-Román e Sabucedo (2016) sobre emoções positivas. Os autores argumentam que, além das bases psicossociais tradicionais (sentimento de injustiça, identidade social e eficácia política), a moral e as emoções positivas devem ser incorporadas como dimensões fundamentais que contribuem para a participação em ações coletivas.

Esta relação entre afetividade e potencialização do ser como algo que pode ter resultados diretos na participação política, já é encontrada na filosofia de Espinosa. O filósofo distingue dois tipos de afecções nas relações de forças e encontros: as ações e paixões (afetos). As ações correspondem ao potencial de agir, enquanto as paixões às potências de padecer, ou seja, o poder de afetar e o poder de ser afetado. Para Espinosa não há uma cisão entre ações e afetos, mas sim uma relação direta. "O poder de ser afetado apresenta-se então como potência de agir, quando se supõe preenchido por afecções ativas, e apresenta-se como potência de padecer, quando é ocupado pelas paixões" (DELEUZE, 1976, p. 39).

As próprias potências de padecer, divididas em paixões tristes e alegres, podem modular o potencial de ação do corpo, diminuindo-o ou aumentando-o. As do primeiro tipo, as tristes, incitam um processo de despotencialização ao corpo, mas as do segundo tipo, as alegres, o contrário. As paixões alegres são consideradas como um afeto positivo ao corpo, que o preenchem, assim podem aumentar sua potência de ação.

Constata-se então que as afecções positivas, de alegria e felicidade, potencializam o corpo dos participantes, aumentando assim seu potencial de ação. Neste caso, aumentar o potencial de ação pode estar diretamente relacionado à vontade de participar politicamente. Por isso que consideramos que a festividade e a alegria incitadas pela Parada podem potencializar os afetos de um corpo, preenchendo-o de afecções positivas, direcionando-o à vontade de assumir uma participação política. E de modo contrário, os afetos negativos, como a tristeza, a humilhação, fomentados pela norma social e pela moral, trazem uma diminuição do potencial de agir, despotencializando esses corpos. Portanto, nesse referencial teórico, a relação entre afetividade e poder é direta, na qual o afeto é o grau de potência (DELEUZE, 2002). "Se supomos assim uma linha de afecções alegres, resultando umas das outras, a partir de um primeiro sentimento de alegria, vemos que nosso poder de ser afetado torna-se preenchido de tal maneira que nossa potência de agir aumenta sempre" (DELEUZE, 1968, p. 220 – tradução nossa).

Tal lugar que a afetividade ocupa nas paradas, nos faz pensar que estes eventos não atualizam somente narrativas discursivas e performativas, mas principalmente o que Guattari (1993) denomina de funções existenciais. Estas funções vão além da experiência linguística, abrangendo o extralinguístico, que se trata do plano das afetividades, das intensidades, dos ritmos e dos registros pré e assignificantes (LAZZARATO, 2014). Por isso que as linhas de fuga traçadas nas paradas não são apenas performativas, mas eminentemente afetivo-existenciais. Deve-se assim trabalhar com o gênero com noções que vão além da performatividade.

Ousamos traçar um paralelo, em que compreendemos que a Parada LGBT opera como o Teatro da Crueldade de Antonin Artaud. É um dispositivo dramático que traz toda a corporeidade à tona e a crueza dos afetos à superfície dos corpos e da rua. "[...] o Teatro da Crueldade propõe-se recorrer ao espetáculo de massa, propõe-se procurar na agitação das massas importantes, mas lançadas umas contra as outras e convulsionadas, um pouco desta poesia que se encontra nas festas e nas multidões naqueles dias, hoje bem raros, em que o povo sai às ruas" (ARTAUD, 2006, p. 96). Consideramos assim a Parada como um dispositivo de desterritorialização (DELEUZE & GUATTARI, 1995) dos valores e identidades pré-concebidos e dos pré-conceitos. Mas que não é um processo fácil e sem conflitos. Para a expressão dessa multiplicidade de gêneros e desejos deve-se operar com as tarefas destrutivas e positivas (DELEUZE & GUATTARI, 1976; BAREMBLITT, 2014). Primeiro, raspar os estratos coercitivos e bloqueadores do desejo, seja no âmbito social ou psíquico, como as normas sociais, os códigos instituídos, a heteronormatividade, o patriarcalismo, o édipo etc. E em seguida intensificar e conectar os fluxos desejantes às máquinas sociais, ou seja, afirmar e expressar o desejo e a singularidade-diversidade frente aos distintos grupos sociais, ocupar as ruas e cidades, não aprisionando mais o desejo no gueto, à margem, no *closet*, mas propagá-lo nas grandes avenidas da cidade. A Parada é uma máquina que cria, o que Hakim Bey (2001) chama de Zona de Autonomia Temporária. Efêmera, mas que fomenta um devir revolucionário e diferentes processos de subjetivação, entre elas, as subjetividades insurgentes.

5 Considerações finais

Neste capítulo discutimos a Parada LGBT e como a afetividade incitada pela festividade do evento pode potencializar processos de conscientização e vontade de participar politicamente.

Consideramos que a festividade das paradas não implica uma despolitização, mas o contrário, como um processo que pode incitar mais ainda a participação política, visto que a correlação entre afetividade e vontade de participação, além de ser significativa, foi maior que a correlação entre conscientização e participação.

As paradas são um dispositivo de transformação tanto daqueles que se expressam como também daqueles que a assistem. São máquinas que visibilizam as bandeiras de luta dos movimentos LGBT, promovendo, além da afirmação da pluralidade desejante, maior aceitação e reconhecimento de suas demandas. Podemos dizer assim que a Parada funciona como uma máquina de guerra (DELEUZE & GUATTARI, 1995) frente à captura que os códigos sociais e a heteronormatividade operam. Dramatiza, tal como o Teatro da Crueldade, fluxos transgressivos e intensivos, agindo sobre os corpos, os desejos, as identidades e os modos de ser. Para Artaud (2006), tudo que age é uma crueldade. Obviamente que a Parada não é desterritorialização radical, total transformação em processo, visto que muitas das suas ramificações podem ser capturadas, seja pela axiomática do capital, ou pela constituição de identidades fixas e totalitárias. Mas o que buscamos visibilizar neste capítulo é como a Parada é uma manifestação pública de movimentos sociais de gênero que se constitui como um espaço potencial de transformação e desterritorialização, em que agencia política, festa, afetividade, corporeidade e desejo na construção de outros mundos possíveis. Para finalizar, consideramos que as políticas da afetividade da Parada eliminam o liame entre política e afetividade, em que a afirmação do desejo e o afeto são autênticas expressões de poder e potência.

Referências

AGAMBEN, G. (2002). *Homo Sacer:* o poder soberano e a vida nua. Belo Horizonte: UFMG.

ARTAUD, A. (2006). *O teatro e seu duplo*. 3. ed. São Paulo: Martins Fontes.

BAREMBLITT, G.F. (2014). Presentación del esquizodrama. *Teoría y Crítica de la Psicología*, 4, p. 17-23 [Disponível em http://teocripsi.com/documents/4BAREMBLITT.pdf – Acesso em 08/08/2015].

BELL, J. (2008). *Projeto de pesquisa* – Guia para pesquisadores iniciantes em educação, saúde, e ciências sociais. Porto Alegre: Artmed.

BEY, H. (2001). *TAZ: Zona autônoma temporária*. São Paulo: Conrad.

BRAZ, C. & MELLO, L. (2012). "Éramos 9 gays, 20 policiais e a imprensa local" – Narrativas (de) militantes sobre as Paradas do Orgulho LGBT de Goiás. In: PASSAMANI, G.R. (org.). *(Contra)pontos* – Ensaios de gênero, sexualidade e diversidade sexual: o combate à homofobia. Campo Grande: UFMS.

BUARQUE, C. (1979). Geni e o zepelim. *Ópera do malandro*. Polygram/Philips.

BUTLER, J. (2010). *Problemas de gênero:* feminismo e subversão da identidade. Rio de Janeiro: Civilização Brasileira.

CONSELHO FEDERAL DE PSICOLOGIA. *Resolução CFP n. 01/99*, de 22 de março de 1999 – "Estabelece normas de atuação para os psicólogos em relação à questão da Orientação Sexual".

CRESWELL, J.W. (2010). *Projeto de pesquisa:* métodos qualitativo, quantitativo e misto. Porto Alegre: Artmed.

DELEUZE, G. (2014). *El poder:* curso sobre Foucault. T. 2. Buenos Aires: Cactus.

_____ (2002). *Espinosa:* filosofia prática. São Paulo: Escuta.

_____ (1976). *Espinoza e os signos.* Porto: Rés.

_____ (1968). *Spinoza et le problème de l'expression.* Paris: De Minuit.

DELEUZE, G. & GUATTARI, F. (1995). *Mil Platôs:* capitalismo e esquizofrenia. Vol. 1 a 5. São Paulo: Ed. 34.

_____ (1976). *O Anti-Édipo.* Rio de Janeiro: Imago.

FOUCAULT, M. (2006). *A história da sexualidade I:* A vontade de saber. 17. ed. Rio de Janeiro: Graal.

FREUD, S. (1976). Três ensaios sobre a teoria da sexualidade. *Obras Completas de Freud.* Vol. VII. Rio de Janeiro: Imago.

FRY, P. & MacRAE, E. (1985). *O que é homossexualidade.* São Paulo: Abril/Brasiliense.

GUATTARI, F. (1993). A propos de machines. *Chimères*, 19.

HARAWAY, D. (2009). Manifesto ciborgue: ciência, tecnologia e feminismo socialista no final do século XX. In: HARAWAY, D.; KUNZRU, H. & SILVA, T.T. *Antropologia do ciborgue:* as vertigens do pós-humano. Belo Horizonte: Autêntica.

JESUS, J.G. (2013). Alegria momentânea: paradas do orgulho de lésbicas, gays, bissexuais, travestis e transexuais. *Gerais* – Revista Interinstitucional de Psicologia, 6 (1), p. 54-70.

LAZZARATO, M. (2014). *Signos, máquinas, subjetividades.* São Paulo: Sesc.

SILVA, A.S. (2011). Memória, consciência e políticas públicas – As paradas do Orgulho LGBT e a construção de políticas públicas inclusivas. *Revista Electrónica de Psicología Política*, 27, p. 127-158.

_____ (2008). *Luta, resistência e cidadania* – Uma análise psicopolítica dos movimentos e paradas do Orgulho LGBT. Curitiba: Juruá.

_____ (2006). *Marchando pelo arco-íris da política* – A Parada do Orgulho LGBT na construção da consciência coletiva dos movimentos LGBT no Brasil, Espanha e Portugal. São Paulo: PUC-SP [Tese de doutorado].

VILAS, X.; GÓMEZ-ROMÁN, C. & SABUCEDO, J.M. (2016). Cidadania e ação política – As marchas pela dignidade. In: HUR, D.U. & LACERDA JR., F. (orgs.). *Psicologia Política Crítica:* insurgências na América Latina. Goiânia.

Parte II

A psicologia e as diversas políticas

6

A "lógica" terrorista e suas consequências*

José Manuel Sabucedo
Mónica Alzate

- **24 de janeiro de 1977**, Atocha, Madri. Um grupo de extrema-direita assassina em seu escritório cinco advogados trabalhistas do sindicato CCOO.
- **11 de março de 2004**, Madri. Os atentados jihadistas em quatro trens da rede local de Madri matam 192 pessoas e ferem 1.858.
- **11 de janeiro de 2015**, Paris. O ataque contra o diário satírico parisiense Charlie Hebdo causa 12 mortes e 11 feridos.
- **13 de novembro de 2015**, Paris e Saint Denis. Os atentados do Estado Islâmico assassinam 137 pessoas e ferem mais de 350.

As ações relacionadas com a violência política, em geral, e mais concretamente com a violência terrorista, podem nos levar a pensar que estamos vivendo em uma época especialmente cruel no âmbito político. Mas não é assim. Em nossa opinião trata-se de uma distorção causada por análises apressadas e pelo fato de que nosso sistema cognitivo tem na informação mais acessível (p. ex., a

---

* Este trabalho foi realizado graças ao apoio econômico do Departamento de Cultura, Educação e Universidades do Governo de Galícia, dentro do Fundo Europeu de Desenvolvimento Regional (GPC2013-017).

disseminada pelos meios de comunicação) uma via prioritária para realizar julgamentos. Isto é o que o psicólogo e Prêmio Nobel de Economia, Daniel Kahneman, denominou heurística de acessibilidade (TVERSKY & KAHNEMAN, 1973).

Uma análise sobre o que tem sido o devir da humanidade nos mostra que a violência política, em suas diferentes modalidades, tem sido uma realidade onipresente em épocas passadas. Em seu livro *História da guerra*, John Keegan (1993/2014) nos recorda de maneira clara que a história dos povos é em grande medida uma história de guerras e que os estadistas mencionados nessa história são homens de violência. Em uma linha similar, McCauley (2007) afirma que a violência e a ameaça de seu uso são tão antigas como a própria humanidade. Esse autor também aponta que o termo terrorismo foi utilizado pela primeira vez para aludir à violência utilizada pelo Estado francês durante a revolução de 1790.

Entretanto, seríamos ingênuos se pensássemos que antes dessa época não se cometeram atos de terror, ainda que não fossem qualificados utilizando esse termo. Um dos casos mais citados pelos historiadores é o da seita judia dos zelotes, que no século I recorreram a esse tipo de atos criminosos para lograr uma Judeia independente do Império Romano.

Portanto, não se pode afirmar que a violência e o terrorismo sejam exclusivos desta época. De fato, há alguns autores, como Pinker (2011), que afirmam que a violência política hoje é muito menor que no passado. Os fatores que ajudaram a conter dita violência histórica seriam: a criação do Estado, o comércio, o cosmopolitismo e a tecnologia.

É certo que a declaração de Pinker é questionada por alguns setores por reduzir a violência ao uso da força física. Indubitavelmente, a violência se expressa através de outros rostos, às vezes mais sutis e, portanto, mais dificilmente perceptíveis e perigosos. Referimo-nos à violência psicológica que cerceia projetos vitais e ameaça o bem-estar de milhões de pessoas. Porém, inclusive neste caso, parece difícil acreditar que em épocas passadas, em que nem sequer existia o conceito de direitos humanos, esse tipo de violência fosse menor.

1 O que é o terrorismo?

Antes de prosseguir, é importante apresentar o que entendemos por terrorismo. Aqui nos deparamos com um problema. Depois de muitos anos de debate não se chegou a uma definição consensual. O Grupo de Alto Nível das Nações Unidas contra o terrorismo reconhece que, assim como existe uma legislação bastante clara sobre o uso que o Estado pode fazer da força e de como atuar em situações de guerra, não ocorre o mesmo quando se trata da violência de atores não estatais. Conforme se relata no Informe do Grupo de Alto Nível há duas objeções principais para que se possa chegar a um acordo. A primeira se refere à inclusão do Estado nessa definição, nos casos em que utiliza as forças armadas contra a população civil. A segunda objeção propõe a exclusão da população sob ocupação estrangeira, pois ela teria o direito de se defender e não poderia ser questionado por nenhuma definição de terrorismo. Como mencionado no citado informe, o problema deste segundo caso parece consistir em um equívoco básico: uma coisa é resistir à ocupação e outra diferente é atentar contra civis e inocentes. A princípio, não parece ser muito difícil aceitar essa diferença tão importante. Com essas considerações em mente, o Grupo de Alto Nível, propõe a seguinte recomendação para definir o terrorismo:

> Qualquer ato, igualmente os atos já especificados nos convênios e convenções vigentes sobre determinados aspectos do terrorismo, os Convênios de Genebra e a resolução 1.566 (2004) do Conselho de Segurança, destinado a causar a morte ou lesões corporais graves a um civil ou a um não combatente, quando o propósito deste ato, por sua natureza ou contexto, seja intimidar uma população, ou obrigar a um governo ou a uma organização internacional a realizar um ato ou a abster-se de fazê-lo (ASSEMBLEIA GERAL DAS NAÇÕES UNIDAS, 2004).

As tensões que subjazem à falta de acordo entre uma definição consensual de terrorismo é uma prova evidente de que o respeito à vida ainda está longe de constituir um princípio moral básico para os membros da espécie humana. É certo que existem múltiplas resoluções e marcos legislativos que declaram solenemente a prioridade da vida frente a qualquer outro tipo de valor. Também é certo que líderes de todas as cores políticas declarem sua inquestionável defesa desse valor. Isso é verdade, mas parece que isto apenas é válido até que existam conflitos entre interesses grupais. Nesse caso, e como veremos posteriormente, constrói-se uma versão da realidade que legitima a morte e o sofrimento de inocentes.

Portanto, deve-se começar destacando duas características que ocorrem no terrorismo e que são chaves para entender sua existência e continuidade como forma de ação política. Por uma parte, a ambiguidade moral. Isto é, as vítimas inocentes e os civis apenas importam se são do endogrupo ou de exogrupos com que se mantêm uma relação positiva ou indiferente. Importam porque são "nossos" e também porque servem como parte da estratégia para deslegitimar o adversário diante a opinião pública. De forma distinta, se as vítimas pertencem ao exogrupo se atenuará ou se encontrará argumentos suficientes para evitar qualquer tipo de condenação desse crime. Por outra parte, há a dimensão instrumental. Neste caso, convém assinalar que o terrorismo é utilizado na medida em que há pessoas que acreditam que é uma opção para alcançar seus objetivos políticos. A psicologia da aprendizagem mostrou de maneira clara que os comportamentos que são recompensados se mantêm; do contrário se extinguem. Portanto, na medida em que o terrorismo possa perceber-se como mais eficaz que outras vias de ação, sem dúvida haverá mais pessoas recorrendo a esses atos criminosos.

2 A polêmica individual *versus* situacional

Uma das reações mais comuns na opinião pública quando ocorre um ato terrorista é se perguntar como alguém é capaz de acabar com a vida de inocentes. A primeira resposta assinala características psicológicas dos responsáveis de tais atos. Mas como a psicologia social tem mostrado de maneira reiterada, o comportamento é função da pessoa e da situação.

Isto nos conduz à polêmica disposicional *versus* situacional. Uma parte do pensamento social parece sentir uma especial preferência pelas análises reducionistas, neste caso psicologicistas. Isto já passou com Le Bon (1897), quando tentava explicar a ação coletiva e o protesto aludindo a transtornos de personalidade e a efeitos da imitação. O mesmo ocorre com a violência política, inclusive em sua forma mais perversa e cruel: o terrorismo.

Há tempos sabemos da importância do contexto para a compressão do comportamento violento. Isso foi o que mostraram os já célebres e midiáticos experimentos de Milgram e Zimbardo. No caso de Milgram, mostrou-se como pessoas "normais" eram capazes de dar descargas elétricas potencialmente mortais a desconhecidos, simplesmente porque o experimentador demandava (MILGRAM, 1973/1980). No caso de Zimbardo estudantes universitários podiam infringir dano a outros quando desempenhavam o papel de carcereiros (HANEY; BANKS & ZIMBARDO, 1973).

Esses experimentos nos mostram como existem determinadas demandas situacionais que tornam mais provável um comportamento do que outro. Portanto, são fatores do contexto e não variáveis pessoais que estão favorecendo certo tipo de reações.

Se nos atemos à situação e a como as pessoas a interpretam, mudamos o foco de atenção das variáveis pessoais aos problemas ou conflitos que podem existir num contexto determinado. Neste sentido, ressalta-se que existem condições que podem facilitar o terrorismo. Mas devemos deixar claro que essa afirmação não pode nunca ser uma justificação de algo tão perverso, de alguém que crê no direito de acabar com a vida de outro ser humano, especialmente quando se trata de pessoas inocentes.

Entre as condições facilitadoras do terrorismo se encontram as condições de vida difíceis, segurança, autodeterminação e respeito (WAGNER & LONG, 2004). Esses fatores não necessariamente se apresentam de maneira independente. E mais, existem muitos âmbitos políticos nos quais se confluem vários deles, tal como é o caso do mundo islâmico (SABUCEDO & ALZATE, 2005). Marsella (2004) assinala vários fatores que se relacionam com o exposto anteriormente. Por uma parte, refere-se às consequências adversas que a globalização está provocando no desenvolvimento de certas comunidades e o desafio que supõe para a diversidade cultural. Em segundo lugar, aponta o choque entre a cultura materialista ocidental e os valores mais espirituais do Islã, que afeta uma questão tão sensível como a identidade cultural. A terceira causa seria o conflito palestino-israelense que está afetando de maneira muito significativa as condições de vida e direitos humanos da população palestina.

Considerando-se o exposto anteriormente, uma aproximação onicompreensiva ao fenômeno da violência política em geral, e ao terrorismo concretamente, deve incorporar necessariamente a referência a essa realidade sociopolítica na qual vivem e ante a qual reagem os atores desses atos violentos. Se não atuamos dessa maneira, não apenas estaremos deixando de lado chaves fundamentais na análise desse problema, senão, mais importante ainda, será muito complicada a busca de soluções que satisfaçam as partes envolvidas. Por essa razão, quando nos referimos à violência política e ao terrorismo, em algum momento deve-se dizer que além dessa violência direta, existe outra estrutural que em muitas ocasiões é o alimento do qual se nutre a anterior (SABUCEDO & ALZATE, 2005, p. 225).

A violência estrutural é um termo introduzido por Galtung (1969), entre outros teóricos, para se referir a um tipo de violência presente nas estruturas sociais e que, de forma indireta, afeta a expressão das potencialidades das pessoas. Alguns exemplos deste tipo de violência são a exploração econômica, a repressão política, a separação de pessoas que querem viver juntas ou a violação da necessidade de identidade.

3 A legitimação do terrorismo

Da existência de condições de vida desfavoráveis não se passa automaticamente a defender o uso do terror. Há uma série de processos psicossociais que estão mediando ambos (SABUCEDO & DURAN, 2007). De fato, há grupos que vivem situações objetivamente piores do que os que empregam a violência e não recorrem a esse tipo de ações. Isto se explica pelo modo que as pessoas interpretam a situação. Os teóricos do *new look* na percepção, já mostraram que o relevante na hora da ação não é tanto as condições e circunstâncias objetivas, mas sim como são interpretadas. Essa interpretação é sempre social. As pessoas debatem, mudam de impressões, analisam sua situação, contrastam seus pontos de vista com outros membros do grupo; em síntese, vão configurando uma visão sobre o mundo social que as rodeia, seus problemas, seus responsáveis, possíveis alternativas etc. (GROSSI; FERNÁNDEZ & SABUCEDO, 1998). Aqui nos referiremos a três destes aspectos: injustiça, atribuição de responsabilidade e desconexão moral.

Injustiça. Como assinalamos anteriormente, todo processo que acaba num conflito extremo se origina em uma situação percebida como negativa. Junto ao termo de injustiça, muitos autores se referem à privação relativa para destacar o fato de que o importante não é apenas estar vivendo uma situação negativa, mas considerá-la ilegítima e não merecida. Essa avaliação cognitiva ativa um sentimento de ira que facilita superar possíveis inibições, dificuldades ou custos ligados à ação política.

Contudo, para transformar a privação relativa ou a injustiça em ação política é preciso que estas se manifestem em nível coletivo. Isto é, deve-se assumir que as condições adversas não são sofridas apenas por uma pessoa de maneira individual, mas sim por muitos outros que compartilham características ou traços específicos. Aqui é importante recordar a clássica distinção estabelecida por Tajfel (1984) entre estratégias de mobilidade e mudança social. Estas, que favorecem ações coletivas, apenas são possíveis se as pessoas, ao invés de falar de seu problema no singular, falassem no plural. Ou seja, é necessário deixar o "eu" e começar falar do "nós". Dessa forma fortalece-se uma identidade grupal que é chave para poder realizar essas ações.

Outro aspecto importante quando se fala de injustiça, é sua relevância ou centralidade para o grupo. Todos os grupos podem sentir-se injustamente tratados em campos distintos. Entretanto, para que as ações políticas extremas, como as terroristas, possam chegar a ter algum tipo de legitimidade é preciso que sejam percebidas como proporcionais à ação que se pretende combater. Um exemplo disto, que acabamos de comentar, é o comunicado de Bin Laden depois do 11-S. Entre outras coisas nesse texto se dizia: "Nossa nação islâmica esteve provando o mesmo durante mais de oitenta anos, humilhação e desgraça, seus filhos são assassinados e seu sangue tem sido derramado, seus lugares santos profanados [...]". Como pode observar-se aqui, tenta-se legitimar o 11-S aludindo aos sofrimentos dos muçulmanos.

Atribuição de responsabilidade. A atribuição de responsabilidades é um dos elementos que atuam na cadeia que culmina na ação ou inibição política (SNOW & BENFORD, 1988). A atribuição de responsabilidades permite identificar o adversário causador dos males do grupo, justificar as ações violentas do perpetrador e/ou diminuir o reconhecimento da responsabilidade pelo dano causado (BILALI; TROPP & DASGUPTA, 2012).

Este processo atributivo também está a serviço da construção da realidade. Voltando ao comunicado de Bin Laden, a situação de atraso econômico, sofrimento, humilhação que padeceria a "nação islâmica" seria explicada pela ação intencional dos países ocidentais. Deste modo, se dá sentido e se compreende o porquê das condições adversas em que se encontra o endogrupo. Assim, essa realidade é mais controlável. Não apenas porque agora se conhecem suas causas, mas sim porque seria possível atuar para modificar essa situação (SABUCEDO & ALZATE, 2005).

Desconexão moral. A injustiça e a atribuição servem para explicar porque um grupo se implica em ações coletivas. Porém uma coisa é tentar modificar um *status quo* desfavorável e outra é acabar com a vida de inocentes. Por esta razão, deve-se recorrer a outros mecanismos explicativos.

Bandura (1999) propõe a noção de desconexão moral para tentar compreender esses tipos de crimes. De acordo com sua proposição, as pessoas que cometem esses atos não prescindem de seus padrões morais, apenas necessitam redefinir a moralidade dos crimes que perpetram. Para isso recorrem a quatro elementos: justificação dos crimes, responsabilidade dos mesmos, desvalorização das consequências e imagens das vítimas. Sobre o primeiro aspecto, os crimes se justificam pelo bem do endogrupo e por responder a um valor superior: liberdade, defesa de uma religião, dignidade etc. Em segundo lugar, essas ações são simples respostas à agressão do adversário. Dessa forma, os que matam não assumem sua responsabilidade, mas a deslocam aos que sofrem com o ato, acusando-os de serem os causadores dessa dinâmica de violência (SABUCEDO; BLANCO & DE LA CORTE, 2002). Em terceiro lugar, desvaloriza-se o dano causado afirmando que seu grupo sofre mais com a violência provocada pela outra parte. Finalmente, desumaniza-se a vítima utilizando etiquetas verbais como "ratos", "animais", "infiéis", "assassinos". Ao tirar do outro os atributos humanos, já não existe nenhum tipo de problema em acabar com sua vida. Quem se incomoda em acabar com um "rato"? (ALZATE; DURÁN & SABUCEDO, 2015).

4 Consequências do terrorismo

Deve-se citar entre as consequências do terrorismo, obviamente em primeiro lugar, o que ocorre com suas vítimas diretas. Morte, sequelas físicas e psicológicas, projetos vitais obstacularizados, são os danos mais visíveis dessa forma de violência.

Contudo o trauma das vítimas, seus familiares e da população testemunha dessa violência não se limita às consequências clínico-individuais. Há também um trauma de caráter social, já que afeta suas crenças sociais, a imagem que possuem sobre os outros, as relações intergrupais, a convivência. Neste sentido, o terrorismo afeta a sociedade em seu conjunto. Faremos uma breve menção a algumas dessas consequências.

Criação das identidades de vítima e vitimizador. Como os estudos sobre categorização mostram de forma clara, a ativação do processo "nós contra eles" dá lugar à maximização de semelhanças intragrupais e de diferenças intergrupais. Constitui-se uma imagem simplificada do exogrupo, na qual todos os membros daquele são considerados iguais. Tal reducionismo é ainda mais forte quando existe violência intergrupal.

Os grupos terroristas reivindicam seus atos e se autoproclamam defensores e porta-vozes de amplos setores da população: "a nação muçulmana", "o povo basco" etc. Com isto tratam de construir uma identidade inclusiva, com o objetivo de que as pessoas desses coletivos lhes ofereçam seu apoio, porque seu êxito depende, em grande medida, do respaldo social com que contam.

Porém o problema reside no fato de que, ao se apresentarem como representantes desses coletivos, implicam todos seus membros nos atos. Dessa forma, as vítimas apreenderão todos os membros dessa categoria, por exemplo, muçulmanos, como pessoas que pensam o mesmo e, portanto, os perceberão da mesma maneira. Isso facilitará que as vítimas desconfiem de todos eles e inclusive cheguem a discriminá-los. A discriminação sofrida pelo fato de pertencer à mesma categoria social, muçulmanos, pode fazer com que pessoas que inicialmente não concordavam com as estratégias violentas, tornem-se favoráveis a estas, com o intuito de defender sua identidade. Assim se ativa a conhecida profecia autorrealizadora.

Por outro lado, a categorização intergrupal, que acentua identidades mutuamente excludentes, dificulta os processos de diminuição da violência. Noor, Brown e González et al. (2008) observam que, por trás dos conflitos violentos do Chile e da Irlanda do Norte, a identificação exclusiva com um endogrupo se associa a uma pior disposição à reconciliação, inclusive depois de um cessar-fogo.

Coesão, medo e autoritarismo. Quando o grupo se sente ameaçado e identifica um inimigo comum, o coletivo se junta com o intuito de defender-se. Nesses momentos, o grupo é o refúgio idôneo perante a insegurança e o medo. A espécie humana descobriu ao longo de sua evolução a importância do coletivo para combater os perigos de um meio hostil. O grupo cobriu e cobre muitas das necessidades da pessoa: desde a segurança até a realização pessoal.

A força da necessidade de segurança e de evitar as situações que provocam medo havia sido assinalada por Maslow (1954/1991) quando falava das motivações básicas do ser humano. No mesmo sentido Adorno, em sua monumental obra *A personalidade autoritária*, associou a insegurança à dimensão da submissão autoritária da síndrome do autoritarismo (ADORNO; FRENKEL--BRUNSWIK; LEVINSON & NEVITT, 1950).

A relação entre temor e autoritarismo aparece também de maneira clara nos trabalhos de Gerbner (1972) sobre a influência dos meios de comunicação na representação da realidade. Aquelas pessoas que assumiam a imagem violenta da sociedade, transmitida pelos meios de comunicação, declaravam-se mais partidárias de opções políticas mais conservadoras.

Em conformidade com o citado, a possibilidade de que o medo e a insegurança provocados pelo terrorismo desemboquem em um incremento das ideologias autoritárias é muito mais que uma simples hipótese.

Portanto, a violência e o terrorismo incrementam o medo, a desconfiança e os preconceitos intergrupais. Estas se convertem em muralhas intransponíveis que impedem as partes de dialogar sobre as possíveis saídas desse conflito (ALZATE; SABUCEDO & DURÁN, 2013). Assim se chega a um caminho aparentemente sem volta, no qual a única opção que se apresenta é a do jogo de soma zero: se um ganha, o outro perde. Mas em realidade, todos perdemos. Perdemos quando a violência, a insegurança e o medo são o que presidem nossas vidas e o que marcam a agenda política.

5 O que fazer? – Algumas considerações para não cair no fatalismo

As dificuldades que existem para alcançar uma definição consensual do terrorismo demonstram a complexidade deste fenômeno. Mas mesmo que um problema seja difícil, isto não pode ser justificativa para não tentarmos buscar soluções, por mais difíceis que possam parecer. Para começar a caminhada nessa direção, propomos, a seguir, alguns aspectos que devem ser trabalhados.

A não naturalização da violência. Em 1932 Einstein enviou a Freud uma carta em que perguntava se a humanidade estava irremediavelmente ligada à violência e à guerra. A resposta de Freud foi menos pessimista do que se esperava e apelava à evolução da cultura para que os conflitos fossem resolvidos de forma não violenta.

Se Freud era otimista, por que nós também não seríamos? É certo que as pessoas podem recorrer à violência extrema para lidar com suas diferenças. Mas também é verdade que isto não tem que ser necessariamente assim. De fato, muitas vezes a negociação é a estratégia utilizada. Portanto, um primeiro aspecto que convém combater é a crença que naturaliza a violência. Este é o ponto de partida para promover o que as Nações Unidas denominaram construção de uma cultura de paz (ALZATE; DURAN & SABUCEDO, 2015).

A importância do contexto. Assumir que o contexto influi de maneira importante na conduta (neste caso, o terrorismo), evita atribuir o ato exclusivamente às características pessoais dos terroristas. Se os que cometem essas ações o fazem não porque são maus, mas pela percepção que têm da situação, então é possível que sua conduta possa mudar. Para isso será necessário que se mude a situação ou a percepção que eles têm dela. Por esta razão, é muito importante que a cidadania realize atribuições situacionais e não disposicionais. Dessa forma, se assumirá que o terrorismo responde a uma "lógica" e é essa "lógica" que se deve combater.

Abordar a insegurança e a injustiça. Não devemos esquecer que uma parte importante da base de apoio ao terrorismo está na crença de que o grupo vive uma situação de injustiça extrema que não pode ser resolvida por meios negociados. Portanto, é de suma importância o trabalho para lutar contra essas crenças e contra as condições objetivas nas quais se fundamentam. Para os interessados neste tema, pode ser muito ilustrativo ver o filme *A guerra de Charlie Wilson*, baseado em um caso real. Os Estados Unidos da América apoiaram com centenas de milhões de dólares o exército do Afeganistão em sua luta contra os soviéticos. Depois de vencida essa guerra, um congressista norte-americano pediu apenas um milhão de dólares para investir em educação. Resposta: não. Possivelmente esse pequeno investimento, se comparado com os gastos militares anteriores, poderia ter sido uma ajuda muito útil para tentar conter o fanatismo religioso que mais tarde assolou o país.

Deslegitimar a violência. Os trabalhos sobre mudança de atitudes (FISHBEIN & AJZEN, 1975) mostraram a importância do grupo para a modificação de atitudes e comportamentos. Isto ocorre porque o grupo valida as crenças das pessoas e sinaliza o que é correto e o que não é. Se o grupo apoia ações violentas, de nada servem as reprimendas dos membros do exogrupo. Em casos de terrorismo e outros tipos de violência social, observamos que os vitimizadores contam em muitas ocasiões com o apoio ou compreensão de seus próximos. Por isso, é necessário que essas pessoas rechacem ativamente as ações terroristas. Assim, é necessário que se produzam mudanças nas situações que são consideradas injustas.

Esse é um programa de atuação que não é simples de desenvolver. Mas estamos vivendo uma época de enfrentamento e crise que está provocando muitas vítimas inocentes e afetando as relações entre diferentes grupos humanos e culturais. É, sem dúvida, um momento de crise. E em momentos como estes, nem os responsáveis políticos, nem os cidadãos, nem os acadêmicos, podem olhar para o outro lado.

Referências

ADORNO, T.A.; FRENKEL-BRUNSWIK, E.; LEVINSON, D.J. & NEVITT, R. (1950). *The authoritarian personality*. Nova York: Harper & Brothers.

ALZATE, M.; DURÁN, M. & SABUCEDO, J.M. (2015). Agresión y violencia. In: SABUCEDO, J.M. & MORALES, F.J. (orgs.). *Psicología Social*. Madri: Médica Panamericana, p. 217-239.

ALZATE, M.; SABUCEDO, J.M. & DURÁN, M. (2013). Antecedents of the attitude towards inter-group reconciliation in a setting of armed conflict. *Psicothema*, 25 (1), p. 61-66.

ASAMBLEA GENERAL DE LAS NACIONES UNIDAS (2004). *Informe del Grupo de alto nivel sobre las amenazas, los desafíos y el cambio* – Un mundo más seguro: la responsabilidad que compartimos. Documento: A/59/565, 02/12/2004 [Disponível em http://ocw.um.es/cc.-juridicas/derecho-internacional-publico-1/ejercicios-proyectos-y-casos-1/capitulo7/documento-10-a-59-565-informe-grupo.pdf – Acesso em 18/03/2015].

BANDURA, A. (1999). Moral disengagement in the perpetration of inhumanities. *Personality and Social Psychology Review*, 3, p. 193-209.

BILALI, R.; TROPP, L.R.; DASGUPTA, N. (2012). Attributions of responsibility and perceived harm in the aftermath of mass violence. *Peace and Conflict* Journal of Peace Psychology, 18 (1), p. 21-39.

FISHBEIN, M. & AJZEN, I. (1975). *Belief, attitude, intention and behavior:* an introduction to theory and research. Reading: Addison Wesley.

GALTUNG, J. (1969). Violence, Peace and Peace Research. *Journal of Peace Research*, 6 (3), p. 167-191.

GERBNER, G. (1972). The structure and process of television program content regulation in the U.S. In: COMSTOCK, G.A. & RU-

BINSTEIN, E.A. (orgs.). *Television and social behavior* – Vol. I: *Content and control*. Washington, DC: Government Printing Office, p. 38ss.

GROSSI, J.; FERNÁNDEZ, C. & SABUCEDO, J.M. (1998). Los movimientos sociales y la creación de un sentido común alternativo. In: IBARRA, P. & TEJERINA, B. (orgs.). *Los movimientos sociales* – Transformaciones políticas y cambio cultural. Madri: Trotta, p. 165-180.

HANEY, C.; BANKS, W.C. & ZIMBARDO, P.G. (1973). Interpersonal dynamics in a simulated prison. *International Journal of Criminology and Penology*, 1, p. 69-97.

KEEGAN, J. (1993/2014). *Historia de la guerra*. Madri: Turner.

LE BON, G. (1897). *The crowd*. Londres: T. Fisher Unwin.

MARSELLA, A.J. (2004). Reflections on international terrorism: Issues, concepts and directions. In: MOGHADDAM, F.M. & MARSELLA, A.J. (orgs.). Understanding terrorism – Psychosocial roots, consequeces and interventions. Washington, DC: American Psychological Association.

MASLOW, A. (1954/1991). *Motivación y personalidad*. Madri: Díaz de Santos.

McCAULEY, C. (2007). War versus justice in response to terrorist attack: competing frames and their implications. In: BONGAR, B.; BROWN, L.M.; BEUTLER, L.E.; BRECKENRIDGE, J.N. & ZIMBARDO, P.G. (orgs.). *Psychology of Terrorists*. Nova York: Oxford University Press, p. 56-65.

MILGRAM, S. (1973/1980). *Obediencia a la autoridad*. Bilbao: Desclée.

NOOR, M.; BROWN, R.J.; GONZÁLEZ, R.; MANZI, J. & LEWIS, C.A. (2008). On positive psychological outcomes: What helps groups with a history of conflict to forgive and reconcile with each other? *Personality and Social Psychology Bulletin*, 34 (6), p. 819-832.

PINKER, S. (2011). A history of violence. *The edge* [Disponível em www.edge.org http://www.edge.org/conversation/mc2011-history-violence-pinker].

SABUCEDO, J.M. & ALZATE, M. (2005). Conflicto, terrorismo y cultura de paz. In: BLANCO, A.; ÁGUILA, R. & SABUCEDO, J.M. (orgs.). *Madrid 11-M:* Un análisis del mal y sus consecuencias. Madrid: Trotta, p. 221-253.

SABUCEDO, J.M.; BLANCO, A. & DE LA CORTE, L. (2002). Construcción del discurso legitimador del terrorismo. *Psicothema*, 14, p. 72-77.

SABUCEDO, J.M. & DURÁN, M. (2007). Violencia política: creencias deslegitimadoras. In: SABUCEDO, J.M. & SANMARTÍN, J. (orgs.). *Los escenarios de la violencia*. Barcelona: Ariel, p. 139-157.

SNOW, D. & BENFORD, R. (1988). Ideology, frame resonance and participant mobilization. In: KLANDERMANS, B.; KRIESI, H. & TARROW, S. (orgs.). *From structure to action:* comparing social movement research across cultures. Greenwich, Conn.: JAI, p. 197-217.

TAJFEL, H. (1984). *Grupos humanos y categorías sociales*. Barcelona: Herder.

TVERSKY, A. & KAHNEMAN, D. (1973). Judgement under uncertainty: Heuristics and biases. *Science*, 185, p. 1.124-1.131.

WAGNER, R.V. & LONG, K.R. (2004). Terrorism from a Peace Psychology. In: MOGHADDAM, F.M. & MARSELLA, A.J. (orgs.). *Understanding terrorism* – Psychosocial roots, consequences and interventions. Washington: American Psychological Association, p. 207-220.

7

Atuação do psicólogo no campo das políticas sociais: mudanças e permanências

Isabel Fernandes de Oliveira
Ilana Lemos de Paiva

O desenvolvimento da Psicologia no Brasil guarda uma forte tendência associada tanto ao desenvolvimento da ciência médica quanto às suas contribuições à educação, como demonstraram diversos autores do campo (BOCK, 1999; MASSIMI, 2004; JACÓ-VILELA; JABUR & RODRIGUES, 2008). Inicialmente apenas um campo disciplinar aplicado, sobretudo, na Pedagogia e para diagnóstico psicológico ou mental, antes mesmo de sua regulamentação, a Psicologia já figurava como campo de formação.

O que importa discutir nesse momento é que a Psicologia, após sua regulamentação em 1962, desenvolve-se no Brasil sob uma cultura profissional pautada pelo ideário individualista, privativo, a-histórico, ou seja, um modelo liberal e tradicional de profissão. Esse modelo, como afirmado, é forjado a partir das influências do modelo médico e da chegada da Psicanálise ao país, esta última com franca influência europeia, e toma força em virtude da instauração do Estado de Segurança Nacional, após o golpe militar deflagrado em 1964. Os preceitos de atuação voltavam-se para sujeitos de classe média e sua subjetividade interiorizada. Os contextos histórico, social e econômico não eram mais que possíveis interferências na dinâmica intrapsíquica, e como tal, tratados de forma tangencial, uma vez que o foco eram os conteúdos inconscientes e o sujeito como autor isolado de sua própria história. Assim, a principal ferramenta de trabalho dos psicólogos eram os processos psicoterapêuticos visando ajustamento das pessoas à sua realidade, sem questionamentos a respeito dela.

Esse quadro permanece relativamente estável até o início dos anos de 1980, quando, na esteira de uma série de movimentos sociais que aconteciam na América Latina contra as ditaduras sul-americanas, chega à Psicologia a chamada crise de relevância. Tal crise foi impulsionada pelas críticas à profissão que, em meio a governos ditatoriais, expurgo de direitos, mortes, empobrecimento da população, estava alheia a qualquer debate conjuntural. Mais, não se posicionava como ator político e de transformação social. A influência dos movimentos sociais, a emergência dos ideais da Psicologia da Libertação, as contribuições da Psicologia Social de vertente espanhola deflagraram questionamentos e reordenamentos nas práticas "psi" por toda a América do Sul. As questões de base eram: "O que pode a Psicologia frente ao expurgo de direitos e a violência da repressão?", "Onde estão o caráter e a atuação política da profissão?"

O Brasil, em fins dos anos de 1970, ao passo que ainda tratava os subversivos a bala, experimentava a fragilização das bases de sustentação do Plano Nacional de Desenvolvimento, ou como ficou conhecida, a falência do "milagre econômico". A classe média, grande apoiadora do golpe, assim como vários de seus financiadores da sociedade civil, já havia retirado seu apoio ao governo militar. Sem sustentabilidade política e após o fiasco econômico, o governo militar dá início a uma transição lenta, gradual e controlada de um governo militar para um civil. Não há dúvidas da importância da transição para a democracia, contudo, é nesse período que se anuncia a situação de empobrecimento brutal de parte significativa da população brasileira, que morre de desnutrição, de fome, que não tem trabalho e nem proteção do Estado. A classe média, grande consumidora dos serviços psicológicos, foi uma grande vítima da agenda econômica dos militares. Como consequência, o mercado de trabalho para o exercício liberal da profissão de psicólogo entra em colapso, e esse fato, associado à crise de relevância da Psicologia impulsionam um novo cenário na profissão.

1 Um novo cenário para a Psicologia: as políticas sociais

Antes de discutir propriamente a prática psicológica em instituições do campo social é necessária uma breve explicação sobre como se estrutura o sistema de proteção social brasileiro, por meio de suas políticas sociais. Inicialmente, política, como defende Abranches (1985), remete à noção de "conflito", jogo de forças, de poder, tensão de classe. Assim, a política social, como parte de um processo de alocação de recursos, é um terreno de embates e de contradição de interesses. No interior do modo de produção capitalista, a política social tem sido uma estratégia do Estado para minimizar as sequelas da chamada "questão social", que significa o "conjunto de problemas políticos, sociais e econômicos postos pela emergência da classe operária no processo de constituição da sociedade capitalista" (YAMAMOTO, 2003, p. 42).

Os desdobramentos da "questão social", a exemplo da fome, da pobreza, do trabalho infantil, violência de várias ordens etc., são alvo de intervenção do Estado por meio das políticas sociais, mas, é preciso reiterar seus limites. Embora a "questão social" seja única, o ataque às suas consequências se faz de forma parcializada e fragmentada; intervêm-se na pobreza, na fome, na educação, na saúde etc., de forma desarticulada, com investimentos distintos e protagonismo variável em função de circunstâncias específicas (mobilização, tensionamentos, reivindicações, entre outros) (SANTOS, 1987). Nesse sentido, sendo gestadas dentro dos marcos do modo de produção capitalista, não cabe às políticas, por essência, superar as condições de exploração que são base dessa estrutura societária e suas consequências, dentre as quais, a pobreza (PASTORINI, 2004). Com isso, dizemos que o trato às mazelas que acometem cerca de 70 milhões de brasileiros (PROGRAMA DAS NAÇÕES UNIDAS PARA O DESENVOLVIMENTO, 2009) é sempre parcial e, assim sendo, tais mazelas são insolúveis dentro dos marcos do capitalismo.

Nesse sentido, se voltamos a Marx e Engels (2002), vemos a denúncia da natureza de classe do Estado capitalista:

> [...] na medida em que a propriedade privada se emancipou da comunidade, o Estado alcançou uma existência particular, ao lado e fora da sociedade civil; mas ele não é mais do que a forma de organização que os burgueses criam para si, tanto em relação ao exterior quanto ao interior, com a finalidade de garantirem reciprocamente suas propriedades e seus interesses (p. 32).

Como bem aponta Araújo (2013), desde a *Crítica da Filosofia do Direito de Hegel*, Marx já havia feito a crítica da política ao demonstrar que a emancipação humana vai muito além da emancipação política, mas que esta última possibilita o início do processo de emancipação radical, social, humana. Logo, ainda segundo o autor, a emancipação humana, fim último das lutas sociais, não é uma mera radicalização da democracia, mas a mudança radical – pela raiz – do modo como os homens produzem sua vida material e espiritual. Tal mudança, evidentemente, não pode se restringir à emancipação política, mas de um "permanente revolucionar da sociabilidade humana", que vá à raiz do homem.

Na formação social capitalista há uma unidade contraditória entre Estado (sociedade política) e sociedade civil, pois o indivíduo se apresenta dividido entre *citoyen*, pertencente à sociedade política, juridicamente igual aos outros indivíduos, e *homme bourgeois*, pertencente à esfera material da sociedade (MARX, 2009). Dessa forma, a emancipação política, o campo dos direitos, conforme previstos no ideário liberal da época, não representavam a possibilidade de uma sociedade sem exploração – como declamavam – mas, sim, a construção de uma igualdade formal-abstrata baseada na desigualdade concreta. Isso não quer dizer que haja uma oposição apriorística entre marxismo e o campo dos direitos humanos (MESZÁROS, 2008). O que há, em Marx, é a defesa do desenvolvimento livre das individualidades, possível apenas numa sociedade de indivíduos associados, numa sociedade sem classes.

Estando as políticas sociais situadas no contexto contraditório das relações sociais do mundo capitalista, não podemos pensar esse campo sem considerar a sua natureza de classe, e tais políticas como estratégia para minimizar as sequelas da "questão social", que se tornaram objeto de intervenção contínua e sistemática por parte do Estado. Assim, o psicólogo atua nos limites impostos pelo sistema capitalista e não podemos perder de vista, como bem apontou Douzinas (2009), que a distância entre os direitos formais e as precondições necessárias para o seu exercício é um problema fundamental que devemos enfrentar no cotidiano da nossa prática profissional. No entanto, entende-se, como dissemos, que o campo das políticas sociais se trata de *locus* de tensão, conflito, possibilitando espaços de reverberações contra-hegemônicas. Acredita-se que o profissional inserido na política deve, então, implicado com o conhecimento da realidade concreta, atuar em direção da construção de um outro projeto de sociedade. Para tanto, o particular deve estar articulado ao universal, e plataformas políticas específicas (fragmentadas e parcializadas) ao horizonte emancipatório (VALENÇA & PAIVA, 2015).

Feitos esses esclarecimentos, retomemos o momento histórico para melhor compreendermos as nuanças dos debates em torno da relação Psicologia-políticas sociais.

O desenrolar da transição democrática foi marcado por uma reorganização dos movimentos sociais – antes reprimidos e desmantelados pelo aparato repressivo da ditadura – que, juntamente com a Ordem dos Advogados do Brasil, representantes da Igreja Católica, pesquisadores vinculados especialmente ao Centro Brasileiro de Estudos em Saúde (Cebes) e a Associação Brasileira de Saúde Coletiva (Abrasco), além de docentes de universidades, denunciavam a pauperização das condições de vida dos brasileiros, e clamavam por uma ampla reforma do Estado. Parte dessa reforma deveria iniciar pela responsabilização do Estado pela penúria da população e, como tal, seria ele a propiciar estratégias para sua superação. A instauração da Assembleia Nacional Constituinte em 1987, já em tempos de governo civil, reuniu as bases sociais, políticas e econômicas para a reforma, cujos princípios compuseram o texto na nova Constituição Federal do Brasil, promulgada em 1988.

A Constituição de 1988, reconhecida internacionalmente como uma das mais cidadãs e democráticas do mundo, contém diretrizes que deflagraram uma série de alterações nos padrões de proteção social. Essas alterações foram decisivas na abertura de espaços institucionalizados de trabalho para categorias profissionais que antes não figuravam de forma significativa nos serviços públicos. A Psicologia foi uma delas.

Antes mesmo de a nova Constituição entrar em vigor, havia psicólogos trabalhando em instituições públicas. Campos como a Educação e a Saúde Pública forneciam serviços sob responsabilidade desses profissionais. Contudo, essa inserção não era sistematizada nem fruto de diretrizes organizativas das políticas. Com a reforma do Estado, abre-se o campo, notadamente o da Saúde Pública, para os psicólogos, especialmente em virtude do protagonismo do movimento sanitário, que ensejou uma reforma no sistema de saúde nacional, a chamada Reforma Sanitária. Nela, propôs uma revolução nas bases teórico-metodológicas do campo da saúde e, consequentemente, toda uma reestruturação do setor. *Pari passu* à reforma sanitária, a reforma psiquiátrica (cf. AMARANTE, 2005; BASAGLIA, 1985; NICÁCIO, 1990) anunciava a necessidade de compor equipes multiprofissionais na atenção básica à saúde para o cuidado a portadores de transtornos mentais e requeriam as contribuições da Psicologia para esse trabalho. Esse contexto fez com que, ao longo da década de 1990 (com episódios já na década de 1980), vários estados e municípios da federação abrissem concursos públicos em que figuravam vagas para psicólogos.

Num cenário influenciado por tais acontecimentos, as entidades representativas da profissão de psicólogo, especialmente o Conselho Federal de Psicologia, o Conselho Regional de Psicologia do Estado de São Paulo e o Sindicato dos Psicólogos do Estado de São Paulo, apontavam diretrizes para o compromisso social da Psicologia, discussão não recente, mas que assume protagonismo no momento em que se discutia o resgate da dívida social por parte do Estado e se reafirmava a garantia dos direitos fundamentais. Bock (2003) denuncia que, desde sua regulamentação, a Psicologia esteve a serviço das elites. Aponta que cabe à profissão assumir um compromisso com o povo, com a transformação das condições de vida da população precarizada pela acumulação capitalista. O caminho inicial para isso é o reconhecimento do psicólogo como um profissional do campo da proteção social.

Esse cenário histórico, político e econômico impulsiona os psicólogos para o primeiro grande campo de trabalho nas políticas sociais. É preciso dizer, contudo, que essa migração dos consultórios privados para o setor do Bem-Estar Social por parte dos psicólogos se deu, prioritariamente, por uma questão de mercado de trabalho e apenas secundariamente por compromisso social da profissão. As discussões teórico-políticas permaneceram durante muito tempo centradas nas entidades, sem reverberar nos executores das práticas.

2 Saúde pública e assistência social: os grandes campos de trabalho dos psicólogos no setor do bem-estar

O capítulo dedicado à saúde na Constituição Federal (1988) é um dos mais democráticos na Carta. Em seu artigo 196 afirma que a "a saúde é direitos de todos e dever do Estado, independente de contribuição". Esse artigo marca dois aspectos extremamente importantes e que vão impactar o trabalho do psicólogo posteriormente. O primeiro aspecto reconhece que cabe ao Estado brasileiro a responsabilidade pela saúde da população e não aos próprios sujeitos. Isso denota uma concepção de saúde subjacente que é mais do que podem as pessoas. O segundo aspecto refere-se a não obrigatoriedade de contribuição prévia, fato que, pela primeira vez na história brasileira, coloca a saúde como valor de uso, como bem universal e, como tal, que deve ser garantido, mesmo que as pessoas não possam por ela pagar. Apenas esse capítulo enseja mudanças organizativas no setor, que amplia substancialmente a cobertura e precisa aumentar seus quadros profissionais, além de mudar a lógica de cuidado.

Como forma de operacionalizar um novo sistema de saúde brasileiro, é criado, em 1990, o Sistema Único de Saúde (SUS), pautado pelos princípios de universalidade, integralidade e equidade. O grande eixo norteador do fluxo de usuários é a atenção básica à saúde (MINISTÉRIO DA SAÚDE, 1999; OLIVEIRA, 2005). Não é objetivo desse texto maiores delongas sobre como a Saúde Pública se estruturou e quais foram (e ainda são) seus embates e desafios. O que é importante destacar é que o SUS possui princípios que buscam romper com modelos de saúde anteriores, pautados por uma lógica interventiva, medicamentosa e médico-centrada. É nessa dinâmica mais ampla de resgate da cidadania e de retomada da democracia, cujos desdobramentos se davam em diferentes esferas da vida social que os psicólogos se inseriram.

Em que pese às motivações para essa inserção, é fato que, em tempos anteriores ao SUS, a presença de psicólogos era incipiente nos hospitais psiquiátricos e serviços ambulatoriais de saúde mental, e suas atividades não eram sistematizadas, previstas ou uniformizadas. Esse foi um dos motivos porque os primeiros estudos sobre a atuação do psicólogo no campo revelaram uma mera e exclusiva transposição do que Lo Bianco, Bastos, Nunes e Silva (1994) nomearam de "clínica tradicional" para os espaços de trabalho na saúde pública. Vale salientar que clínica tradicional aqui trata-se de um modelo de atuação do psicólogo pautado pela valorização da dimensão individual em detrimento de determinantes sociais e macroestruturais, tendo como alvo de trabalho os conteúdos emocionais, subjetivos (de uma subjetividade interiorizada), e o sofrimento ou a angústia interna. Sua ferramenta é a psicoterapia nos moldes do consultório privado. Esse modelo visava à adaptação e ao ajustamento, com enfoque nos sintomas, nas queixas e em quadros nosológicos predefinidos. Tal cenário só revela mudanças anos depois, em função de debates empreendidos pelo Conselho Federal de Psicologia, por movimentos sociais que travavam lutas específicas, como por exemplo, a reforma psiquiátrica, e pela academia, para apontar e definir outros rumos para a profissão, reiterando-a como uma prática potencialmente transformadora, desde que pautada por novos parâmetros teórico-metodológicos e políticos.

Conquanto tenham se ampliado os contextos e as situações de trabalho, a diversificação das atividades exercidas pelos psicólogos ainda não faz frente (embora ameace) ao cenário (ou *setting*) dos consultórios privados, independentemente dos objetivos das políticas de saúde em vigor. Apesar disso, há que se destacar tendências como a Clínica Ampliada, o trabalho em equipe, todas as inovações do campo da saúde mental (consultórios na rua, acompanhantes terapêuticos, residências, lares abrigados, a Política Nacional de Redução de Danos), os Núcleos de Apoio a Saúde da Família (Nasf), o Apoio Matricial, a Política Nacional de Humanização, entre outros, que têm constituído, se não um "modelo", novas diretrizes de atuação. São projetos contra-hegemônicos, mudanças paradigmáticas que interrogam os profissionais da Psicologia a respeito de seus referenciais teórico-metodológicos e de suas práticas.

Mais recentemente, a Assistência Social configurou-se como novo espaço de atuação do psicólogo, que vem não só requisitando mudanças nos modelos de trabalho, mas apresenta, com muita clareza, um novo sujeito de manejo para a Psicologia: a pobreza e seus desdobramentos. Vale salientar que a imensa demanda-alvo da Assistência Social padece de problemas que têm, nas aviltantes condições materiais de existência, a principal causa de vulnerabilidade e de violação de direitos.

Se comparado à saúde pública, o campo da Assistência Social é muito mais fluido no domínio de equipamentos e de público. Seu alvo abrange toda a sorte de problemas decorrentes dos quadros mais acentuados de pobreza que, como toda política nos marcos da sociedade do capital, é tratada de forma parcializada, fragmentada e terminal. Assim, a assistência mescla-se com projetos de geração de emprego e renda, Sistema de garantia de direitos, conselhos tutelares, varas de justiça. Instituições do "terceiro setor", para citar alguns campos. Foi nesse campo híbrido que o psicólogo se inseriu por volta da década de 1980. Unidades de privação de liberdade, orfanatos ou instituições de acolhimento, foram espaços que abrigaram psicólogos, mas que não têm registro histórico de seu trabalho vinculado a uma política específica. Esse cenário muda também com a Constituição de 1988, quando a Assistência Social assume o estatuto de direito social, articulando-se à saúde pública e à Previdência Social. A partir disso, embora bem mais atrasada do que a saúde, as políticas para o setor assumem o estatuto de direito social, garantido pelo Estado (COUTO, 2006).

A criação do Sistema Único da Assistência Social (Suas), em 2004, possibilita nova organização das políticas de Assistência Social, marcando uma transição entre um modelo caritativo para um modelo progressista, que segue uma proposta organizativa semelhante ao SUS. Nessa perspectiva, o modelo de gestão do Suas, deve ser descentralizado e participativo, pautado pela regulação e organização em todo território nacional das ações socioassistenciais, sob princípios que incluem a matricialidade familiar, a territorialização, a proteção proativa, a integração à seguridade social e às políticas sociais e econômicas.

Operacionalmente, o Suas divide-se em dois níveis de complexidade, em função do que é definido nos documentos oficiais do MDS como risco e vulnerabilidade social, e violação de direitos, com ou sem rompimento de vínculos. No primeiro caso, cabe o cuidado às famílias em instituições da Proteção Social Básica (PSB) e, no segundo, da Proteção Social Especial (PSE).

A PSB é a grande novidade nessa política, uma vez que assume uma proposta de prevenir riscos e vulnerabilidades, atuando para o fortalecimento de vínculos familiares e comunitários. Para tanto, requisita o trabalho em território, em rede e com famílias. Esse é o contexto em que o psicólogo é convocado para o trabalho: ele é um profissional que, junto com o assistente social, irá compor preferencialmente a equipe técnica dos Centros de Referência da Assistência Social (Cras), equipamento de operacionalização da PSB no território.

Os primeiros estudos que analisaram a atuação do psicólogo nos Cras foram taxativos: os psicólogos da Assistência reproduzem os dilemas da atuação na saúde pública. A inadequação dos referenciais e das tecnologias, a não imersão no território, a culpabilização e a vitimização da pobreza aparecem como as principais críticas ao trabalho (CRUZ, 2009; NERY, 2009; OLIVEIRA; SOLON; AMORIM & DANTAS, 2011; OLIVEIRA & AMORIM, 2012; SENRA, 2009). Mas, um aspecto merece ser ressaltado nesses estudos. O fato de a população ser pobre foi um elemento que, apesar de não mencionado claramente, emergia como um problema para o trabalho do psicólogo.

Nesse primeiro momento, de inserção no campo, dos primeiros trabalhos, contata-se a inadequação nas ações e, até mesmo, uma paralisia nos psicólogos. A forte recomendação do não uso da psicoterapia e das ações de articulação geraram (e ainda geram) incômodo entre os profissionais.

Passados dez anos de criação do Suas, é possível fazer algumas ponderações sobre a Psicologia no campo. Em primeiro lugar, o Suas ainda opera com várias dificuldades de múltiplas ordens. Essa política, não sendo universal, não possui o "apelo" nacional; é voltada para um grupo populacional que, embora extenso (12 milhões de famílias em situação de pobreza extrema), é o que Demo (2006) concebe como pobres políticos, ou seja, pobres, não cidadãos; não cidadãos porque não se organizam politicamente para poder impor mudanças, não são sujeitos de sua própria história. Não sendo sujeitos de sua história, aceitam facilmente o que se lhes impõe. A pobreza só interessa a ela mesma. Em segundo lugar, por trabalhar diretamente no combate à pobreza, a Assistência Social necessita essencialmente atuar de forma articulada a outras políticas, concebendo a pobreza em sua múltipla dimensão. Esse trabalho ainda é incipiente justamente porque antes de se articular com outra política é preciso que uma política esteja minimamente organizada e operante. O Suas permanece imerso em entraves de financiamento, capacitação e num lugar periférico de investimento. Aos profissionais cabe uma prática que deve se comprometer com a transformação social, especialmente nos determinantes que geram a pobreza. Mesmo assim, ao analisar, como exemplo, o guia de referência dos psicólogos no Cras, denominado "Referências técnicas para a atuação do psicólogo no Cras/Suas" (CONSELHO FEDERAL DE PSICOLOGIA, 2008), percebe-se que, embora se identifique um discurso sociocomunitário, com ênfase na coletividade, a função do psicólogo permanece atrelada ao indivíduo e à sua subjetividade.

Mais recentemente, fóruns de trabalhadores do Suas e várias outras instâncias tem realizado um trabalho sistemático de debates e proposições que vem instrumentalizando o trabalho do psicólogo. Esses espaços são fundamentais para o acompanhamento do trabalho no campo, problematizar as ações e traçar caminhos. Mesmo considerando a importância fundamental dessas iniciativas, a academia não pode se furtar do seu papel: fundamentar teoricamente a prática dos profissionais no Suas, pois, o que temos, pelo menos no campo da Psicologia até aqui, não nos parece adequado e suficiente para uma atuação qualificada. Além disso, é preciso considerar os limites e as possibilidades de uma atuação diferenciada no campo das políticas sociais, mas buscando ações que estejam voltadas para processos emancipatórios, produzindo fissuras revolucionárias na estrutura social, ainda marcada pela exploração e opressão da população pauperizada.

3 Considerações finais

A inserção gradativa e crescente de psicólogas e psicólogos no campo das Políticas Sociais, no Brasil, tem se caracterizado pela ampliação das oportunidades de emprego para esses profissionais e pela expansão do público-alvo de suas atividades. Como vimos, considerando que essa atuação se dá nos limites dos marcos do sistema capitalista, caberia ao profissional de Psicologia manejar situações cujos determinantes assentam-se nas condições estruturais da sociedade burguesa, resultantes da contradição fundamental entre capital e trabalho.

Nesse sentido, um desafio que se coloca aos psicólogos é a reflexão sobre a finalidade da sua prática, que deveria estar voltada para uma perspectiva emancipatória e não de mero ajustamento ou adaptação, como tem se caracterizado, predominantemente, a Psicologia no seu desenvolvimento histórico.

Acredita-se que a atuação no campo das políticas sociais deve estar comprometida com a transformação social, buscando causar fissuras nos determinantes que geram a pobreza. Para isso, faz-se mister uma formação que considere a análise histórica das relações sociais de produção e das singularidades da sociedade brasileira, sem as quais torna-se impossível compreender o fenômeno da pobreza no Brasil e as suas consequências. Dessa forma, o trato da pobreza visando a transformação das condições de vida, requer a ação política desses profissionais, numa postura diferente do que tem marcado historicamente a atuação dos psicólogos.

Como já apontou Martin Baró (1996), "O trabalho profissional do psicólogo deve ser definido em função das circunstâncias concretas da população a que deve atender" (p. 7). Quais as questões que atingem o nosso povo? Que respostas a Psicologia tem dado e no que pode avançar?

No cenário atual brasileiro, e de toda a América Latina, temos assistido a melhoria dos índices de pobreza, mas ainda a manutenção da desigualdade estrutural. Como bem nos lembrou István

Mészáros (2008), "O fato doloroso é que, não obstante todas as promessas autojustificadoras, até hoje o capital falhou em satisfazer mesmo as necessidades elementares da maioria esmagadora do gênero humano" (p. 20). E continua, evocando o velho Marx: "portanto, não pode haver 'barganha' com relação à meta de reestruturação radical sem a qual até mesmo as condições elementares da sobrevivência da humanidade não podem ser asseguradas" (p. 25).

Logo, no limite, deveríamos atuar na defesa intransigente dos direitos humanos, onde quer que seja seu campo de atuação, mas sem perder de vista a direção de um outro projeto de sociedade, em que haja condições igualitárias para a totalidade dos indivíduos.

Referências

ABRANCHES, S.H. (1985). *Os despossuídos* – Crescimento e pobreza no País do Milagre. 2. ed. Rio de Janeiro: Zahar.

AMARANTE, P. (2005). *Franco Basaglia* – Escritos selecionados em Saúde Mental e Reforma Psiquiátrica. São Paulo: Garamond.

ARAÚJO, P.H.F. (2013). Capitalismo, Estado e política: notas a partir de Chasin e do Gramsci de Carlos Nelson Coutinho. *Katálysis*, 16 (1), p. 26-36.

BASAGLIA, F. (1985). *A instituição negada*. Rio de Janeiro: Graal.

BOCK, A. (2003). Psicologia e sua ideologia: 40 anos de compromisso com as elites. In: BOCK, A. (org). *Psicologia e compromisso social*. São Paulo: Cortez, p. 15-35.

_____ (1999). *As aventuras do Barão de Münchhausen na Psicologia*. São Paulo: Cortez.

CONSELHO FEDERAL DE PSICOLOGIA (2008). *Referência técnica para atuação do(a) psicólogo(a) no Cras/Suas*. Brasília: Ed. Autor.

COUTO, B.R. (2006). *O direito social e a assistência social na sociedade brasileira:* uma equação possível? São Paulo: Cortez.

CRUZ, J.M.O. (2009). Práticas psicológicas em Centro de Referência da Assistência Social. *Psicologia em Foco*, 2 (1), p. 11-27.

DEMO, P. (2006). *Pobreza política*. Rio de Janeiro: Autores Associados.

DOUZINAS, C. (2009). *O fim dos direitos humanos*. São Leopoldo: Unisinos.

JACÓ-VILELA, A.M.; JABUR, F. & RODRIGUES, H.B.C. (2008). *Clio-Psychê:* histórias da Psicologia no Brasil. Rio de Janeiro: Centro Edelstein.

LoBIANCO, A.C.; BASTOS, A.V.B.; NUNES, M.L.T. & SILVA, R.C. (1994). Concepções e atividades emergentes na Psicologia Clínica: implicações para a formação. In: CONSELHO FEDERAL DE PSICOLOGIA (org.). Psicólogo brasileiro: práticas emergentes e desafios para a profissão. São Paulo: Casa do Psicólogo, p. 7-79.

MARTIN BARÓ, I. (1996). O papel do psicólogo. *Estudos de Psicologia*, 2 (1), p. 7-27.

MARX, K. (2009). *Sobre a questão judaica*. São Paulo: Expressão Popular.

MARX, K. & ENGELS, F. (2002). *A ideologia alemã*. São Paulo: Martins.

MASSIMI, M. (2004). *História da psicologia no Brasil no século XX*. São Paulo: Pedagógica Universitária.

MÉSZÁROS, I. (2008). O desafio e o fardo do tempo histórico. *Política e Sociedade*, 13, p. 17-33.

NERY, V.P. (2009). *O trabalho de assistentes sociais e psicólogos na política de assistência social* – Saberes e direitos em questão. São Paulo: PUC-SP [Tese de doutorado].

NICÁCIO, F. (1990). *Desinstitucionalização*. São Paulo: Hucitec.

OLIVEIRA, I.F. & AMORIM, K.M.O. (2012). Psicologia e política social – O trato à pobreza como sujeito psicológico. *Psicologia Argumento*, 30, p. 567-573.

OLIVEIRA, I.F. & PAIVA, I.L. (2013). Os desafios para a articulação entre o Sistema de Garantia de Direitos e o Sistema Único de Assistência Social. In: CRUZ, L.R.; RODRIGUES, L. & GUARESCHI, N.M.F. (orgs.). *Interlocuções entre a Psicologia e a Política Nacional de Assistência Social*. Santa Cruz do Sul: Edunisc, p. 131-148.

OLIVEIRA, I.F.; SOLON, A.F.A.C.; AMORIM, K.M.O. & DANTAS, C.M.B. (2011). A prática psicológica na proteção social básica do Suas. *Psicologia & Sociedade*, 23, p. 140-149.

PASTORINI, A. (2004). *A categoria "questão social" em debate*. São Paulo: Cortez.

PROGRAMA DAS NAÇÕES UNIDAS PARA O DESENVOLVIMENTO (2009). *Relatório de Desenvolvimento Humano 2009* [Disponível em http://hdr.undp.org/en/media/HDR_2009_PT_Complete.pdf – Acesso em 07/03/2011].

SANTOS, W.G. (1987). A trágica condição da Política Social. In: ABRANCHES, S.H.; SANTOS, W.G. & COIMBRA, M.A. (orgs.). *Política social e combate à pobreza*. Rio de Janeiro: Zahar, p. 33-63.

SENRA, C.M.G. (2009). *Psicólogos sociais em uma instituição pública de Assistência Social:* analisando estratégias de enfrentamento. Campinas: PUC-Campinas [Tese de doutorado].

VALENÇA, D.A. & PAIVA, I.L. (2015). A dialética dos direitos humanos – Reflexões sobre a atual luta política no Brasil. In: COSTA, R.V. & CAJU, O. (orgs.). *Semiárido*: espaço de violações de direitos humanos e potencial de lutas. Mossoró: Queima-Bucha.

YAMAMOTO, O.H. (2003). Questão social e políticas públicas: revendo o compromisso da Psicologia. In: BOCK, A.M.B. (org.). *Psicologia e o compromisso social*. São Paulo: Cortez, p. 37-54.

8

Construções sobre "lesbianidades" na mídia televisiva: possibilidades de um discurso emancipatório?

Lenise Santana Borges

Neste capítulo tomo a mídia televisiva, especificamente um de seus mais importantes artefatos culturais, a telenovela, como foco para pensar as permanências e transformações que as sexualidades e os gêneros têm sofrido. Compreendo a novela como um dos lugares privilegiados a fazer circular formas de se falar sobre a lesbianidade. A partir de uma leitura da psicologia social de base construcionista, bem como de estudos feministas e de gênero, elejo algumas novelas para análise, interrogando se elas possibilitam ou não a circulação de discursos emancipatórios.

Algumas das perguntas que acompanham o processo de produção dessa análise são: Quais repertórios sobre lesbianidade a novela está produzindo e divulgando? Que narrativas sobre lesbianidade (quem fala, de onde fala, com quem fala, como fala) são privilegiadas? Que estratégias discursivas são utilizadas para possibilitar a permanência da temática lesbianidade na telenovela? Que formas específicas a novela utiliza para falar de lesbianidade? Elas legitimam ou desestabilizam normas sociais? Quais?

Até pouco tempo atrás era impensável, mesmo em uma modalidade ficcional como a telenovela, acompanhar o desenrolar de um relacionamento lésbico de forma continuada. O mais comum era que esse tipo de assunto aparecesse de forma dissimulada ou, quando muito, que houvesse uma rápida aparição nas novelas seguida de algum tipo de interdição. Até 2003, esse era o quadro de invisibilidade que imperava nas novelas brasileiras que ousavam apresentar personagens lésbicos, como por exemplo, *Vale tudo* (1988-1989), *Torre de Babel* (1998-1999), *Mulheres apaixonadas* (2003). Pode-se dizer que nelas operava um tipo de narrativa que levava a um não reconhecimento, uma impossibilidade de existência, e por que não dizer, um "apagamento" de vidas lésbicas (BORGES, 2007).

Nos meus estudos constatei a importância do papel desse artefato cultural em atrair a atenção do público para a temática da lesbianidade buscando torná-la legítima, levando à disputa diferentes arenas, desde o mercado até a agenda das políticas públicas. Uma das conclusões da minha pesquisa de doutorado é que ao mesmo tempo em que as telenovelas proporcionam a circulação de referências lésbicas em um universo predominantemente heterossexual, ela acontece às expensas de um processo de normalização. Esse processo de normalização inclui a construção de perfis "bem comportados" e adequados das personagens lésbicas (BORGES & SPINK, 2009). Tais perfis constituem-se predominantemente de mulheres brancas, bem situadas economicamente e conformadas a *performances* de gênero sintonizadas com um tipo de mulher considerada mais "feminina". A relação lésbica ocorre a reboque da matriz heterossexual e dos desdobramentos que a acompanham, família, casamento, monogamia, diferenciação de papéis de gênero.

A novela *Senhora do destino* (2004-2005), de autoria de Aguinaldo Silva e direção de Wolf Maia constitui-se como um excelente exemplo para pensarmos tais transformações. Ela inaugura uma nova forma de olhar e lidar com personagens lésbicos, Jenifer (Bárbara Borges) e Eleonora (Mylla Christie), tornando-se uma espécie de *turning point* na teledramaturgia brasileira, quebrando o tabu de se mostrar pares lésbicos, dando início a uma sequência de novelas nas quais as sexualidades não heterossexuais assumem uma posição mais positivada. Ela foi a primeira na televisão brasileira a apresentar o relacionamento entre duas mulheres de forma continuada – elas não desaparecem no meio da trama como em novelas anteriores – e explícita, ou seja, a relação integra a trama, é nomeada e discutida ao longo da novela.

Aproveito para explicitar minha posição em relação à mídia e as razões que me fazem estudá-la. A mídia exerce um papel fundamental na construção e circulação de repertórios sobre assuntos diversos, atuando como mediadora no acesso e na legitimação de modelos plurais de posição de pessoa. Ela atinge um espectro enorme de telespectadores(as), exercendo um papel pedagógico ímpar, provocando impactos na vida das pessoas que muitos(as) de nós não conseguiríamos atingir no nosso dia a dia, enquanto professoras, pesquisadoras etc. Diariamente, conteúdos sobre gênero, raça, sexualidades são veiculados por ela, indicando a importância de estudar a mídia e entendê-la como um lugar expressivo para a compreensão de processos de mudança social e cultural.

Norman Fairclough (1995), Rosa Maria Bueno Fisher (2002), Mary Jane Spink e Benedito Medrado (2000) propõem pensar a mídia como um lugar com poder de modelar, transformar, influenciar o conhecimento, crenças, valores, relações e identidades sociais. Fairclough (1995) chama atenção para as tensões e tendências no campo midiático ligadas às características pró-consumo presentes na sociedade atual. Segundo o autor "marketização" e "conversacionalização" seriam estratégias utilizadas nos discursos para tornar produtos mais palatáveis e mais facilmente aceitos por diferentes audiências.

Fischer (2002) destaca a importância de entendermos a mídia como "um dispositivo pedagógico" tanto discursivo, pois produz saberes e discursos, como também não discursivo, uma vez que estamos falando de uma complexa rede de práticas, de produção, veiculação e consumo – TV, rádio, revistas, jornais etc. – inseridas em uma determinada sociedade, e em um determinado contexto social e político. Segundo a autora esse dispositivo propicia uma incitação ao discurso sobre "si mesmo", à revelação permanente de si; pois tais práticas vêm acompanhadas de uma produção e veiculação de saberes sobre os próprios sujeitos e seus modos confessados e aprendidos de ser e estar na cultura em que vivem. Inspirada nas ideias foucaultianas, a autora adverte sobre a necessidade de se considerar "o simultâneo reforço de controles e resistências, em acordo com determinadas estratégias de poder e saber, insistentemente presentes nos processos de publicização da vida privada e de pedagogização midiática" (FISCHER, 2002, p. 155).

No enquadre das práticas discursivas (SPINK & MEDRADO, 2000) a mídia é entendida como um lugar não monolítico, ao mesmo tempo em que reitera modos de pensar a realidade também produz outras formas de pensá-la. Ao fazer circular vários tipos de repertórios sobre um determinado tema, torna-se impossível prever os efeitos que emergirão da interação produção/recepção. Vale lembrar, que toda essa ação acontece juntamente com o processo de coconstrução envolvendo a relação entre o pesquisador(a) e o campo-tema (SPINK, 2003).

Nesse jogo incessante de publicização e ocultação a televisão, através das novelas, informa como uma mulher lésbica deve se portar, e em que consiste essa categoria da lesbianidade. Ficamos sabendo também sobre uma suposta "verdadeira forma de ser lésbica" através dos discursos veiculados textualmente e imageticamente, por meio dos diálogos, roupas, adereços, expressão corporal, músicas, comportamentos e movimentos confirmando o papel pedagógico da mídia.

Dentre os trabalhos acadêmicos que tratam da homossexualidade/lesbianidade em telenovelas (MARQUES, 2003; GOMIDE, 2006; PEREIRA et al., 2006; PERET, 2006; COLLING, 2007; BORGES, 2008; IRINEU, 2014) há uma concordância de que a maior visibilização de personagens homossexuais/lésbicas têm tido impacto sobre a sociedade, gerando discussões e debate. São também concordantes em apontar o tratamento ambíguo que a mídia tem dispensado à temática da homossexualidade/lesbianidade, ora mais positivado, ora reforçando estereótipos. Tais variações na forma de abordar o tema são imputadas em razão das maneiras como se estabelece a mediação entre produção e recepção, cada vez mais suscetíveis aos movimentos da opinião e do debate público.

Para entender melhor como as telenovelas tem abordado o tema, retomo brevemente os enredos de novelas da Rede Globo a partir de 1980 focalizando mais especificamente como a categoria lésbica foi construída nas novelas *Senhora do destino* (2004-2005) e *Em família* (2014).

Na novela, *Vale tudo* (1988-1989), são duas mulheres bem-sucedidas – Cecília (Lala Deheinzelin) e Laís (Cristina Prochaska) –

cuja relação é mostrada de forma bem discreta, com poucas cenas, até que uma delas morre. A partir da morte de Cecília, o assunto que toma vulto é o do direito à herança de Laís já que as duas, além de parcerias amorosas, eram proprietárias de uma pousada. A luta de Laís não é em vão, no final da novela ela permanece com a pousada e retoma sua vida amorosa com a fotógrafa Marília (Bia Seidl).

Em *Torre de Babel* (1998-1999), o casal formado por Rafaela (Cristiane Torloni) e Leila (Silvia Pfeifer), empresárias, donas de uma loja num *shopping*, foi retratado numa abordagem bastante direta, sem subterfúgios ou artifícios, despertando intensas reações no público que resultaram num desfecho trágico e precoce da relação do casal, elas morrem durante a explosão do *shopping*.

Já em *Mulheres apaixonadas* (2003), o casal protagonista é formado por duas mulheres jovens estudantes – Clara (Aline Moraes) e Rafaela (Paula Picarelli) – cuja história é apresentada de forma gradual, colocando em evidência os conflitos da relação entre elas e as reações dos outros personagens. Na cena final ocorre o beijo entre as duas. Para que o beijo pudesse ser mostrado o autor criou uma cena na qual elas interpretam Romeu (Rafaela) e Julieta (Clara), o que restabeleceu a ordem convencional sem provocar a ira dos conservadores. Importante ressaltar que esta é a primeira novela cujo casal consegue permanecer durante todo o processo de transmissão da novela.

Na novela *Senhora do destino* (2004-2005), a relação é entre a médica Eleonora (Mylla Christie) e a estudante de fisioterapia Jenifer (Bárbara Borges). A história das duas mostra os conflitos de Jenifer com a descoberta do amor de Eleonora e de seu amor por ela. Há toda uma preparação do público e de Jenifer para o seu processo de "sair do armário". Este processo de revelação para si mesmo, conhecido, em inglês por "*coming out*" (em português, "sair do armário") é discutido por Sedgwick (2007) em instigante ensaio "Epistemologia do armário", que destaca as estratégias envolvidas no ato de esconder ou publicizar a vida sexual e amorosa. Para Sedgwick, a situação do "*closet*" ou "armário" é um mecanismo de regulação da vida individual e coletiva que produz efeitos em todos os tipos de relacionamento, não apenas naqueles entre pessoas do mesmo sexo. A ação do *closet* se traduz também na garantia de privilégios com o objetivo de manter a ordem heterossexual e suas instituições, como o casamento e a família tradicional com seus valores e a assimetria entre os gêneros. A novela de que trato aqui é prodigiosa na tradução deste mecanismo para a tela. Quando as duas já estão namorando, Eleonora encontra um bebê no lixo e elas iniciam um processo de adoção. A maternidade, de certa forma, amplia a aceitação do casal.

Das quatro novelas, *Senhora do destino* se destaca pela ousadia. É a primeira novela a mostrar cenas íntimas de um casal lésbico. Num total de 160 cenas protagonizadas pelo casal no período de agosto de 2004 a março de 2005, os meses de outubro e novembro são definitivos para o "desenrolar" do romance. São também esses dois meses que apresentam os maiores índices de Ibope (Instituto Brasileiro de Opinião Pública e Estatística) da novela.

Dez anos depois de *Senhora do destino*, a novela *Em família* (2014) retrata a relação lésbica entre Clara e Marina, respectivamente, representadas pelas atrizes Giovanna Antonelli e Tainá Muller. A novela repete a fórmula bem-sucedida de construir a aceitação do público aos poucos, sendo que, dessa feita, o autor (Manoel Carlos) teve um pouco mais de trabalho, pois Clara (Giovanna Antonelli) casada com Cadu (Reynaldo Gianecchini), e mãe de Ivã (Vitor Figueiredo) reproduzem a ideia de uma "família feliz" e, além disso, enfrentam um drama familiar, a doença cardíaca de Cadu.

Diferentemente das novelas que as antecederam, as novelas *Senhora do destino* e *Em família* expõem as personagens lésbicas de forma continuada, sendo possível identificar elementos que se repetem nas diferentes histórias, o que permite pensar que os autores se utilizam de estratégias e abordagens discursivas que vão sendo construídas e implantadas numa interlocução constante entre o que o autor escreve e as reações do público. Porém, é preciso também demarcar que tais novelas provêm de autorias, contextos de produção e temporalidades diferentes, além do fato de haver entre uma e outra um hiato temporal de dez anos. Mesmo com essa distância no tempo podemos afirmar que entre as novelas *Senhora do destino* e *Em família* pouca coisa mudou na forma de apresentar a lesbianidade.

Em termos de semelhanças podemos citar que na construção das personagens e na forma de apresentar o casal, as histórias começam discretas e vão ficando cada vez mais "apimentadas": as relações ao início platônicas ficam mais erotizadas; as personagens assumem seus relacionamentos buscando uma maior aproximação com a "realidade"; e começam a ocupar no cômputo geral da novela um maior tempo de exposição. Passado o momento de revelação da paixão, as relações tornam-se novamente deserotizadas.

O beijo entre as personagens, alvo de polêmica e torcidas tornou-se uma espécie de atestado do compromisso da novela com esse suposto "espelhamento da realidade". Introduzir novidades no enredo parece ser a regra primordial na forma de operar; se não existe algo novo, cria-se algum fato, como, por exemplo, colocar personagens para protagonizar uma cena mais erótica, de preferência "adiando" o fechamento da cena para outro capítulo. No processo de criar variações sobre o mesmo tema, a estratégia é a de associar à trama outros elementos como homoparentalidade, bissexualidade, relações interraciais, intergeracionais etc.

Do ponto de vista das transformações sobre a forma como as novelas têm abordado a lesbianidade, pode-se dizer que o foco deixa de recair somente sobre a orientação sexual das personagens e passa a incidir também sobre outros aspectos da sociabilidade, como a relação entre o casal, a família, o trabalho, as amizades. Não são mais os indivíduos o foco de interesse e sim o casal, cuja relação vai sendo apresentada aos poucos. Pode-se afirmar que o autor vai preparando o público para receber tais histórias construindo cuidadosamente o perfil das personagens.

O fio que alimenta as histórias continua sendo a "narrativa da revelação", conceito apresentado por Colling (2007) para explicar a criação de expectativas em torno da história de personagens *gays*/lésbicas que vão ser revelados somente no final ou próximo do final das tramas. A diferença agora é que cada vez mais, a revelação vai perdendo força para outras estratégias para chamar a atenção dos(as) telespectadores(as). Vale dizer que o momento da revelação, ou "sair do armário", tem sido cada vez mais explorado para mostrar situações de violência homofóbica. Tanto na novela *Senhora do destino* (2004) como na novela *Em família* (2014) o foco de discussão deixa de ser o processo de revelação das personagens com suas dúvidas, conflitos, e sim, a exploração de processos de *outing* que são situações nas quais a revelação acontece sem o consentimento do sujeito, tornando-se assim um ato de violência. *Outing* em uma linguagem coloquial pode ser entendido como "puxar para fora do armário".

Outra estratégia tem sido povoar as novelas com personagens que fogem à norma heterossexual, abrindo caminho para uma discussão não só da homossexualidade e lesbianidade, mas também para outras formas de se viver as sexualidades. Agora não há mais somente uma personagem ou um casal, mas múltiplas variações de sexualidade, representada por quatro personagens, como é o caso da novela *Império* (2014), na qual quatro personagens ilustram essas variações: Téo Pereira (Paulo Betti) interpreta um jornalista *gay* "fofoqueiro", Claudio Bolgar (José Mayer) interpreta um cerimonialista casado com filhos bissexual, Leonardo (Klebber Toledo) interpreta um ator *gay* que se relaciona com Claudio e Xana Summer (Ailton Graça) interpreta uma travesti, dona de um salão de beleza e amiga de toda a comunidade.

Em março de 2015, a TV Globo deu início a nova novela *Babilônia* (2015) como mais uma tentativa de mostrar um casal de lésbicas, as octagenárias, Teresa (Fernanda Montenegro) e Estela (Nathália Timberg) causando grande repercussão, sobretudo pelo fato de a novela exibir um beijo na boca no primeiro capítulo da novela. Vale comentar que em função dos baixos índices de audiência, a novela foi reescrita, especialmente os capítulos em que o par lésbico apareceu. As pesquisas de opinião realizadas pela emissora mostram que a rejeição do público não está relacionada ao par lésbico e sim a exibição de cenas mais íntimas logo no início. O beijo foi considerado demasiado para a típica "família tradicional brasileira", reforçando a ideia de Sedgwick (2007) de que a saída do armário nunca é total e depende de muitas negociações que vão além da "revelação".

Se tomarmos a novela *Vale tudo* como ponto de partida, saímos de um lugar de invisibilidade com ocultação e apagamento da lesbianidade para uma situação de "supervisibilidade" na qual há a multiplicação de personagens *gays* e lésbicas e um redimensionamento do tempo de permanência e importância dessas personagens nos núcleos das novelas. Mas, que tipo de personagens midiáticas tem ganhado espaço nas novelas? Um novo padrão midiático cada vez mais parecido com os casais heterossexuais, evitando se afastar das normas de gênero. Isso quer dizer que os homens não podem parecer efeminados e as mulheres não podem parecer masculinizadas. Há também uma deserotização dessas personagens, a ponto de em muitas novelas essas personagens parecerem mais irmãos(ãs), e amigos(as) do que parceiros(as) sexuais. Precisam se manter assexuados(as) e discretos(as) para não afugentar a audiência e ganhar a aceitação do público. A regra para permanência é não questionar as normas de gênero e os valores dominantes, apostando na discrição.

Do ponto de vista do gênero e suas intersecções (classe, raça, geração etc.) observa-se nos casais lésbicos certa tendência a mostrarem equivalência, no sentido de relações de tipo mais igualitário, ou seja, são mulheres brancas, de camadas urbanas altas e médias, escolarizadas, profissionais, e que poderiam ser caracterizadas relativamente como mulheres autônomas e independentes. Este traço comum combina com a forma "não convencional" que gerenciam suas respectivas vidas amorosa e sexual, bem como um "tipo" de mulher mais alinhada ao que se considera socialmente mais aceito nos dias atuais. Nota-se, portanto, a tentativa de uma homogeneização e assepsia das personagens lésbicas, apresentando um certo "tipo" de lésbica (branca, classe média, magra, escolarizada, feminina) seguindo as "normas" ou expectativas dominantes no que se refere à forma como os gêneros e as sexualidades são apresentados.

É notório também o apelo nas novelas em tentar desconstruir alguns estereótipos sobre a lesbianidade, oferecendo outras versões para a ideia de inviabilidade de relações amorosas entre pessoas do mesmo sexo, desconstruindo versões de que tais relações vão sempre acabar em tragédias, amores frustrados. No entanto, tal tentativa tem se revelado ineficiente, pois alguns estereótipos permanecem ao mesmo tempo em que outros têm sido criados. Muitos desses estereótipos são produzidos por meio do acionamento e atualização de alguns mitos sobre a homossexualidade, lesbianidade, como, por exemplo, o mito da fusão, da pureza, da sedução.

No mito da fusão prevalece a ideia de que os casais homossexuais ao longo dos seus relacionamentos buscam a indistinção em todos os planos da vida, tornando-se praticamente uma única pessoa. Ao longo da novela *Em família*, as personagens Clara e Marina, vão perdendo suas características próprias e ficando cada vez mais parecidas nas vestimentas, corte do cabelo, chegando como ponto máximo desse mimetismo de usarem o mesmo vestido para o casamento. Vale notar que nas cenas do casamento, as cores das roupas, o cenário, as músicas compõem um quadro extremante assexuado, reeditando outro mito sobre a lesbianidade, como o mito da pureza das mulheres, ou seja, o fato de serem mulheres retira delas a possibilidade de serem sujeitos sexuais.

Outro estereótipo é o da sedução presente tanto na novela *Senhora do destino* quanto na novela *Em família*. Nesse mito, uma mulher (geralmente apresentada como mais velha/experiente) é responsável pela sedução da outra (mais nova/inexperiente), presente em quase todas as novelas citadas.

De forma geral, a principal variação entre as novelas diz respeito ao tempo de permanência do par lésbico no ar, em relação à duração da novela como um todo. A segunda variação mais relevante está relacionada à introdução de diferentes temas associados à vivência de um casal lésbico: a disputa pela herança no caso de *Vale tudo*; o enfrentamento do preconceito da mãe e de uma colega homofóbica em *Mulheres apaixonadas*; a adoção de uma criança em *Senhora do destino*; uma relação na qual uma das personagens estava casada com um homem na novela *Em família*; e mais recentemente a relação entre mulheres mais velhas na novela da Globo, *Babilônia* (2015).

Na novela *Em família*, o autor acaba se complicando em viabilizar o romance lésbico. Ao posicionar uma das personagens lésbicas como uma mulher casada, com um filho, vivendo em uma família supostamente feliz, e envolvida em um triângulo amoroso, no qual o homem é retratado como doce e frágil pela doença cardíaca e a outra mulher é vista como uma egoísta, aventureira, destruidora de lares felizes.

Se pudéssemos imaginar um cenário mais plural e democrático nas telenovelas, como o que acontece na literatura, teríamos certamente um conjunto de personagens mais transgressoras cujas *performances* estariam a serviço de desestabilizar as normas de gênero ou os modos de se relacionar amorosamente. Não podemos deixar de mencionar que, quando personagens lésbicas que fogem às normas de gênero têm espaço nas tramas, as chamadas "caminhoneiras", elas são apresentadas de forma jocosa e desqualificada.

Se as novelas estivessem mais sintonizadas com a diversidade sexual, nelas estariam retratados(as) todos(as) aqueles(as) que transitam nas fronteiras entre o masculino e o feminino, travestis, *drag queens*, transexuais, transgêneros, e todos *gays*, lésbicas, bissexuais que fogem aos rígidos padrões binários hetero/homo ou masculino/feminino. Não é à toa que alguns tipos sexuais tenham dificuldade de trânsito nas novelas, como, por exemplo, "mulheres masculinizadas". Segundo Halberstam (2008) a masculinidade nas mulheres é o exemplo mais transgressivo, pois ela cumpre o papel de desestabilizar as configurações dominantes da masculinidade extraindo a necessidade da masculinidade estar colada em um corpo de homem e abre passagem para a ambiguidade de uma mulher masculinizada. A ameaça desse tipo de personagem fica explícita na medida em que novelas que incluem personagens mulheres mais masculinizadas são submetidas inevitavelmente a práticas de ajustamento do seu gênero ao sexo, como a mudanças corporais, na forma de vestir, e nos gestos, estratégias de ajustamento para recuperar o que parece ser o elemento mais inegociável nas personagens, a afirmação e conformação de um determinado tipo de feminilidade.

Um dos conceitos que ajuda a esclarecer a forma como a mídia e vários de seus produtos – entre eles, a novela – opera nas discussões sobre lesbianidade é o conceito da heteronormatividade. Segundo Butler (1993), esse é um conceito que expressa algumas expectativas, demandas e restrições sociais que emergem de sociedades regidas pelo pressuposto da heterossexualidade tomada como natural e única forma legítima de expressão sexual. Nesse modelo prevalece a ideia de homens e mulheres devem se tornar heterossexuais ou organizar suas vidas a partir do modelo considerado supostamente coerente, superior e "natural", a heterossexualidade (GONÇALVES; PINTO & BORGES, 2013).

A naturalização da lesbianidade ocorre na novela mediante um processo de aproximação com a norma heterossexual, produzindo, dessa forma, a "normalização" de uma relação "fora dos padrões". As lésbicas não precisam se "tornar heterossexuais", basta apenas que vivam como eles. A normalização se mostra por meio da construção de personagens/sujeitos quase perfeitos – mulheres percebidas como lindas, bem situadas e bem conformadas nos seus devidos papéis.

Não é por acaso que alguns estudos e pesquisas mostram que o pior do preconceito, no Brasil contemporâneo, não se dá contra as formas como as sexualidades se expressam, mas sim, contra a expressão de gênero. É a *performance* nas palavras de Butler (2003), ou seja, a expressão da identidade sexo-genérica de uma pessoa que ameaça. Não é mais o sexo que gera pânico, alvo de controles, como mostrou Rubin (1992), mas sim o gênero. Por isso, travestis e transexuais vistas como pessoas que têm uma conduta *mais desviante* do padrão esperado da representação de gênero masculino-feminina, são eles/elas mais frequentemente acometidas pelo preconceito e discriminação.

Conclusões

Diante das considerações feitas, quais seriam as maneiras de responder à pergunta formulada no título dessa apresentação? A mídia televisiva possibilita a circulação de discursos emancipatórios? Parece que não, apesar de as novelas terem mostrado uma abertura para temas considerados ilegítimos, a novela não consegue desestabilizar as normas de gênero, portanto não é possível falar em um discurso transgressor ou emancipatório no caso da mídia televisiva. Vale lembrar, que a mídia produz seus discursos apoiando-se no padrão normativo ocidental hegemônico, a heteronormatividade. Sendo assim, tudo aquilo que se afasta da norma, é convocado a retomar a ordem "natural" mantendo a coerência entre sexo, gênero e orientação sexual.

Lésbicas e *gays* nas novelas continuam conformados a um tipo de ordenamento social no qual os seus papéis de gênero continuam inabalados. Impera uma visão binária e complementar dos gêneros apoiada em valores românticos. As personagens lésbicas ocupam um lugar nas telenovelas desde que permaneçam em consonância com os valores dominantes (família, casamento, dentre outros), sejam cada vez mais parecidas com um casal heterossexual de classe média, com a única diferença de apresentarem-se como seres não desejantes.

Além disso, há que se considerar também o próprio limite do objeto estudado. Uma das características da mídia televisiva consiste em ser meio de comunicação regulada, na qual uma das regras para seu funcionamento é um tendência à reiteração das normas, não podendo intencionalmente desestabilizá-las. Isso significa que há uma margem muito pequena para escapar de "fórmulas" ou padrões socialmente instituídos como família, maternidade e casamento. Um dos efeitos dessa particularidade é que qualquer novidade em termos dos produtos veiculados exige um estudo minucioso e estratégias para evitar qualquer risco de perda de audiência. Esse parece ter sido o caminho utilizado pelos autores para introduzir e manter a temática da lesbianidade nas novelas. Retomando o caso das duas novelas, percebe-se que apesar da distância no tempo, elas compartilham de muitas semelhanças; a deserotização da relação lésbica, a construção de perfis "comportados", a constituição enquanto casal nos moldes do padrão hegemônico da heterossexualidade acompanhado de suas instituições consagradas: casamento, conjugalidade, monogamia, família, maternidade; e, sobretudo, a manutenção das hierarquias de gênero e das sexualidades pela afirmação de um certo tipo de feminilidade e pela afirmação inconteste da heterossexualidade. Apesar de todas essas considerações, vale ressaltar a importância das novelas como um produto cultural genuinamente brasileiro que tem sido capaz de produzir "novas formas" de se pensar sobre as homossexualidades, fazendo circular sentidos mais positivados e progressistas, mesmo sabendo que o fazem mantendo um padrão classe média, brancocentrado, burguês e familiar.

Referências

BORGES, L.S. (2008). *Repertórios sobre lesbianidade na novela Senhora do Destino:* possibilidades de legitimação e de transgressão. São Paulo: PUC-SP [Tese de doutorado].

_____ (2007). Lesbianidade na TV – Visibilidade e "apagamento" em telenovelas brasileiras. In: GROSSI, M.; UZIEL, A.P. & MELLO, L. (orgs.). *Conjugalidades, parentalidades e identidades lésbicas, gays e travestis*. Rio de Janeiro: Garamond, p. 363-384.

BORGES, L.S. & SPINK, M.J.P. (2009). Repertórios sobre lesbianidade na mídia televisiva: desestabilização de modelos hegemônicos. *Psicologia & Sociedade*, 21 (3), p. 442-452.

BUTLER, J. (2003). *Problemas de gênero:* feminismo e subversão da identidade. Rio de Janeiro: Civilização Brasileira.

_____ (1993). *Bodies that matter* – On the discursive limits of "sex". Nova York/Londres: Routledge.

COLLING, L. (2007). Personagens homossexuais nas telenovelas da Rede Globo: criminosos, afetados e heterossexualizados. *Revista Gênero*, 8 (1), p. 207-222.

FAIRCLOUGH, N. (1995). *Media Discorse*. Nova York: Arnold.

FISCHER, R.M.B. (2002). O dispositivo pedagógico da mídia: modos de educar na (e pela) TV. *Educação e Pesquisa*, 28 (1), p. 151-162.

GOMIDE, S.V. (2006). *Representações das identidades lésbicas na telenovela Senhora do Destino*. Brasília: UnB [Dissertação de mestrado].

GONÇALVES, E.; PINTO, J.P. & BORGES, L.S. (2013). Imagens que falam, silêncios que organizam – Sexualidade e marcas de homofobia em livros didáticos brasileiros. *Currículo sem Fronteiras*, vol. 13, p. 35-61.

HALBERSTAM, J. (2008). *Masculinidad feminina*. Madri: Egales.

IRINEU, B.A. (2014). Por que Clara e Marina não colam velcro. *Revista Virtual Geni*, n. 14 [Disponível em http://revistageni.org/08/por-que-clara-e-marina-nao-colam-velcro/ – Acesso em 25/09/2014].

MARQUES, A.C.S. (2003). *Da esfera cultural à esfera política* – A representação de grupos de sexualidade estigmatizada nas telenovelas e a luta por reconhecimento. Belo Horizonte: UFMG [Dissertação de mestrado].

PEREIRA, T.F.; LOPES, M.F. & SILVA, A.I.O. (2006). Homossexualidade e mídia: uma análise das representações de personagens homossexuais em telenovelas da Rede Globo. *Anais do III Congresso da Associação*

Brasileira de Estudos da Homocultura – Discursos da diversidade sexual: lugares, saberes, linguagens. Belo Horizonte: Abeh [CD-rom].

PERET, L.E.N. (2006). Do armário à tela global – A representação social da homossexualidade na telenovela brasileira (Rede Globo, 1974-2005). *Anais do III Congresso da Associação Brasileira de Estudos da Homocultura* – Discursos da diversidade sexual: lugares, saberes, linguagens. Belo Horizonte: Abeh [CD-rom].

SEDGWICK, E.K. (2007). A epistemologia do armário. *Cadernos Pagu*, 28, p. 19-54.

SPINK, M.J. & MEDRADO, B. (2000). Produção de sentidos no cotidiano – Uma abordagem teórico-metodológica para análise das práticas discursivas. In: SPINK, M.J. (org.). *Práticas discursivas e produção de sentidos no cotidiano:* aproximações teóricas e metodológicas. São Paulo: Cortez, p. 41-62.

SPINK, P.K. (2003). Pesquisa de campo em Psicologia Social: uma perspectiva pós-construcionista. *Psicologia e Sociedade*, 15 (2), p. 18-42.

RUBIN, G. (1992). Thinking sex: notes for a radical theory of the politics of sexuality. In: ABELOVE, H. et al. *The Lesbian and Gay Studies Reader.* Londres/Nova York, Routledge.

Documentos consultados

Em família – Autoria: Manoel Carlos. Direção: Adriano Melo, João Boltshauser, Luciano Sabino, Teresa Lampreia, Thiago Teitelroit. Direção geral: Jayme Monjardim e Leonardo Nogueira. Rio de Janeiro: Rede Globo. Exibida às 21h em 143 capítulos, de 3 de fevereiro a 19 julho de 2014 [Disponível em http://www.teledramaturgia.com.br/alfabetica.htm – Acesso em 11/11/2014].

Império – Autoria: Aguinaldo Silva. Colaboração: Mauricio Gyboski, Marcia Prates, Nelson Nadotti, Zé Dassilva, Renata Dias Gomes, Rodrigo Ribeiro, Megg Santos e Brunno Pires. Direção: Claudio Bockel, Luciana Oliveira, Roberta Richard, Tande Oressane, Davi Lacerda, Pedro Vasconcellos e André Felipe Binder. Direção geral: Pedro Vasconcellos e André Felipe Binder. Rio de Janeiro: Rede Globo. Exibida às 21h, de 21 julho de 2014 a 13 março de 2015 [Disponível em http://www.teledramaturgia.com.br/alfabetica.htm – Acesso em 11/11/2014].

Mulheres apaixonadas – Autoria: Manoel Carlos. Colaboração: Maria Carolina, Fausto Galvão, Vinícius Vianna. Direção: Ary Coslov, Marcelo Travesso. Direção geral: Ricardo Waddington, Rogério Gomes, José Luís Villamarin. Rio de Janeiro: Rede Globo. Exibida às 20h em 203 capítulos, de 17 de fevereiro a 11 de outubro de 2003 [Disponível em http://www.teledramaturgia.com.br/alfabetica.htm – Acesso em 11/11/2014].

REDE GLOBO. *Boletim de estreia Senhora do Destino.* Rio de Janeiro: Cedoc/Tv Globo, 2004.

Senhora do destino – Autoria: Aguinaldo Silva. Colaboração: Filipe Miguez, Maria Elisa Berredo, Nelson Nadotti. Direção: Luciano Sabino, Marco Rodrigo, Cláudio Boeckel, Ary Coslov. Direção geral: Wolf Maia. Rio de Janeiro: Rede Globo. Exibida às 21h em 221 capítulos, de 28 de junho de 2004 a 12 de março de 2005 [Disponível em http://www.teledramaturgia.com.br/alfabetica.htm – Acesso em 11/11/2014].

Torre de Babel – Autoria: Sílvio de Abreu, Alcides Nogueira, Bosco Brasil. Direção: Denise Saraceni, José Luís Villamarin, Carlos Araújo, Paulo Silvestrini. Direção geral: Denise Saraceni. Rio de Janeiro: Rede Globo. Exibida às 20h em 203 capítulos, de 25 maio de 1998 a 16 de janeiro de 1999 [Disponível em http//www.teledramaturgia.com.br/alfabetica.htm – Acesso em 11/11/2014].

Vale tudo – Autoria: Gilberto Braga, Aguinaldo Silva, Leonor Bassères. Direção: Denis Carvalho, Ricardo Waddington. Direção geral: Denis Carvalho. Rio de Janeiro: Rede Globo. Exibida às 20h em 204 capítulos, de 16 de maio de 1988 a 6 de janeiro de 1989 [Disponível em http://www.teledramaturgia.com.br/alfabetica.htm – Acesso em 11/11/2014].

9

Espaço público, mídias alternativas e subjetividade

A transformação que vem das ruas

Marília Aparecida Muylaert
Jéssica Enara Vian
Jonathan Ribeiro Brandão da Silva

> *No Admirável Mundo Novo, as distrações ininterruptas da mais fascinante natureza são deliberadamente usadas como instrumentos de governo, com o objetivo de impedirem o povo de prestar demasiada atenção às realidades da situação social e política. [...] Só uma pessoa vigilante pode manter as suas liberdades, e somente aqueles que estão constante e inteligentemente despertos podem alimentar a esperança de se governarem a si próprios efetivamente, por meios democráticos. Uma sociedade, cuja maior parte dos membros desperdiça o seu tempo não na vigília, não aqui e agora e no futuro previsível, mas em outra parte, nos outros mundos irrelevantes do desporto e das*

obras superficiais, da mitologia e da fantasia metafísica, terá dificuldade em resistir às investidas daqueles que quiserem manejá-la e controlá-la.

Aldous Huxley, 1987.

As grandes manifestações que tomaram o espaço público das ruas do Brasil em junho de 2013 causam surpresa e espanto em diversos setores da sociedade sobre a concretude destes movimentos. "Como se a vivência de milhões de pessoas nas ruas inventando uma coreografia política e recusando carros de som não fosse 'concreto'" (PELBART, 2013). Dentre as manifestações, de insatisfações e descontentamentos de toda ordem, ganha visibilidade o papel da mídia e, em particular, é questionado o papel atual da Grande Mídia, que a exemplo do "Grande Irmão" de George Orwell, em sua obra *1984*, tem seu lugar de manipulação e de controle da informação questionado.

Os movimentos revelam, assim, a potência de coletivos engajados em criar estratégias de escape às relações de poder estabelecidas pelo monopólio midiático. Este capítulo propõe uma reflexão crítica diante dos recentes conflitos estabelecidos no campo da midialogia e jornalística no Brasil, buscando mostrar como a reapropriação do sítio midiático/jornalístico, por movimentos alternativos e periféricos, contribui com a redemocratização política e cultural da sociedade, ampliando e complexificando na esfera pública os processos de constituição da subjetividade.

A informação sempre está ligada à esfera de exercício de poder. "O que", "Para quem" e "'Quando" é informado, determinam a versão histórica que consta nos livros, pois a História é a versão dos vencedores. Estabelece-se "a ideia de 'quarto poder' – um poder que representaria os cidadãos na fiscalização dos poderes da república, o Executivo, o Legislativo e o Judiciário" (OLIVEIRA, 2012, p. 9). Esse quarto poder acaba por determinar modos de pensar e agir no mundo de acordo com os interesses sempre exatos daqueles que detêm os "meios de produção" da circulação da informação: as mídias impressas, televisivas e eletrônicas – a nascida do meio virtual da internet.

De acordo com Oliveira (2012), o sentido original do termo jornalismo que "significava uma atividade voltada ao esclarecimento em um sentido iluminista da palavra", da busca do esclarecimento e de debates políticos públicos, sofreu uma transfiguração para mergulhar numa fase de mercantilização. Assim, "à medida que o jornalismo se articula como empresa, o capital 'sequestra', apropria-se deste direito público e transforma o direito da 'liberdade de expressão' em direito da 'liberdade do capital'" (OLIVEIRA, 2012, p. 10).

No contexto de mercantilização da informação, as pequenas mídias são suprimidas pelas grandes empresas midiáticas, constituindo-se um cenário de monopólio na área, onde a Grande Mídia se apossa dos bens simbólicos comuns e destitui as falas periféricas (DaCOSTA, 2008). Quando existe uma competitividade de mídia, os abusos e falhas de um veículo são denunciados por outros. Assim, o controle do que se podem chamar *abusos do poder discursivo* é gerido pela competição, visto que "jornais necessitam de credibilidade e a difusão de seus erros compromete a principal característica de seu negócio" (NASSIF, 2013). Por isso, existem apenas poucas Grandes Mídias que se associam em benefício econômico próprio, formando cartéis midiáticos. No Brasil vive-se uma realidade onde, segundo dados governamentais oficiais, emissoras televisivas controlam 73% das verbas publicitárias federais (COSTA & COLON, 2012, p. A10). Contudo, a cartelização e o monopólio midiático não são uma realidade exclusivamente brasileira:

> A mesma concentração que se observa nos monopólios de armas e do capital acontece também na indústria cultural. Seis corporações globais dominam mais de 80% da produção midiática e cultural no mundo: Disney, Time Warner, News Corporation, Viacom, Vivendi-Universal e Bertelsmann. Esta concentração unifica, sob uma mesma direção, produções midiáticas voltadas para a informação, lazer e divulgação publicitária. Uma avalanche de bens simbólicos circula pelas redes conectadas e dirigidas por estes centros irradiadores, construindo uma esfera de consumo (OLIVEIRA, 2012, p. 11).

A esfera de consumo descrita por Oliveira é um plano da sociedade de espetáculo (DEBORD, 1991). O cidadão, que tem plena capacidade de existir politicamente no mundo, torna-se um espectador. Neste deslocamento de sentidos, ao passar de cidadão a espectador, sua posição política de interferência na sociedade é esvaziada e sua posição avaliada como menor, insignificante. Ao mesmo tempo, ele é massivamente investido como formador de opiniões e posturas políticas, sendo seu deslocamento no campo social constantemente monitorado. Temos, assim, um controle de massas, quantitativamente expressivas e qualitativamente relegadas ao plano de espectadores do mundo.

As relações interpessoais diretas são suplantadas por relações indiretas, interpoladas e investidas pela mídia. Esta última, por sua vez, veicula modos de subjetivação dóceis e críticos de seus próprios modos de viver, olhados sob o filtro de lentes que visam o controle econômico e político dos corpos em que investe. Consequentemente, produz espectadores ideais, cujos posicionamentos políticos favoreçam seus interesses mercantilistas.

A Grande Mídia busca, através de ininterruptas distrações, impedir "o povo de prestar demasiada atenção às realidades da situação social e política" (HUXLEY, 1987, p. 56) ao mesmo tempo em que a sua forma e conteúdo "são a justificação total das condições e dos fins do sistema existente" (DEBORD, 1991, p. 9). A "sociedade do espetáculo", como o "showrnalismo" descrito por Arbex (2001), funcionam de modo a exercer sobre os corpos a naturalização de valores criados para seu suporte. A superficialização, fragmentação e simplificação dos dados informacionais faz criar-se corpos pouco afeitos à problematização de sua condição e participação. Grande parte da precarização das condições de vida das populações é controlada através da criação destes valores e da consequente anestesia que a espetacularização do supérfluo e a veiculação do que é dado como irremediável, proporcionam.

Para Foucault (2000), a produção de um saber sobre o corpo é, ao mesmo tempo, a ciência de seu funcionamento, o domínio de suas forças e a capacidade de regulamentá-las em uma política geral de verdade. A isto o autor denomina tecnologia política do corpo, pois esta produz simultaneamente sujeição, investimento e objetivação. O corpo é um campo aberto às ações políticas e matéria essencial para as operações das relações de poder e de produção de verdade na sociedade moderna.

O recente episódio de manifestação nas ruas revela a potência de coletivos engajados em criar estratégias de escape às relações de poder estabelecidas. Assim, a mídia da sociedade do espetáculo, descrita por Guy Debord, encontra resistência nas mídias alternativas e periféricas que se desenvolvem através de tecnologias midiáticas domésticas.

Dentre as tecnologias midiáticas destacam-se a popularização da internet e de suas redes sociais e o surgimento das mídias on-line. Estas últimas são, em suma, fundadas e mantidas por iniciativas fora do circuito da mídia de massas. Dessa forma, os princípios primordiais que o termo "jornalismo" evoca, voltam à tona, visto que a quantidade de pessoas empenhadas em produzir o conteúdo veiculado por esses meios é ampliada de forma exponencial e democrática, permitindo que qualquer pessoa que porte instrumento tecnológico capaz de gravar imagens e sons se torne um jornalista em potencial. Além disso, o mero acesso à internet se mostra suficiente para a produção de jornalismo democrático neste contexto, pois viabiliza a circulação de opiniões políticas e a articulação e debate de diferentes posicionamentos sobre um mesmo assunto.

Não havendo mais apenas uma mesma leitura e opinião acerca de certo acontecimento, outras informações disputam o estatuto da verdade, antes sequer questionado. As informações que se entrecruzam multiplicam o campo informacional e relativizam as certezas. Com atributos tecnológicos menos exigentes que a Grande Mídia – basta um celular com acesso a redes gratuitas –, vai se constituindo certo protagonismo na decisão, modo, tempo e duração de como cada "espectador" entra em relação com a informação. Agora, opera-se um deslocamento do olhar para o corpo; da passividade ao ativismo; da aceitação à intervenção.

Este modo, tomado aqui como *ativismo midiático*, rompe com as posições e ordens instituídas pela mídia hegemônica, que atua em defesa de certos interesses políticos e econômicos. Nessa quebra, dá voz aos microdiscursos que foram historicamente canibalizados e destituídos do direito de ter expressão livre na esfera pública. Esse emaranhado de micromídias constitui-se de "movimentos sociais que usam de recursos de tecnologias de informação com vistas a estabelecer canais alternativos de comunicação de relatos e de vivências periféricas ausentes na mídia comercial brasileira" (DaCOSTA, 2008, p. 1). Tais movimentos sociais compõem com uma reinvenção da prática política, mobilizando argumentos críticos em resistência ao monopólio autoritário e excludente da Grande Mídia.

1 As manifestações

Como um movimento rizomático, as manifestações de 2013 apresentaram pontos reivindicativos relativamente generalizados (qualidade do transporte urbano, violência policial, aumento do custo de vida, impacto econômico dos megaeventos esportivos etc.), compondo-se de uma diversidade de vozes e vontades (NUNES, 2013). Desse modo, não se trata de definir uma "identidade" do movimento, mas de constituir territórios onde a produção e circulação dessas vozes e vontades possam se dar, "[...] mostrando como certa dessubjetivação é condição para a política hoje. Agamben já o dizia, os poderes não sabem o que fazer com a 'singularidade qualquer'" (PELBART, 2013).

> Um rizoma não começa nem conclui, ele se encontra sempre no meio, entre as coisas, inter-ser, *intermezzo*. A árvore é filiação, mas o rizoma é aliança, unicamente aliança. A árvore impõe o verbo "ser", mas o rizoma tem como tecido a conjunção "e... e... e..." Há nesta conjunção força suficiente para sacudir e desenraizar o verbo ser. *Entre* as coisas não designa uma correlação localizável que vai de uma para outra e reciprocamente, mas uma direção perpendicular, um movimento transversal que as carrega uma *e* outra, riacho sem início nem fim, que rói suas duas margens e adquire velocidade no meio (DELEUZE & GUATTARI, 1995, p. 36).

O rizoma de manifestações não permite fixar uma identidade, visto que ele se tece no entrelaço de conjunções aditivas (como o "e... e... e..." de Deleuze), tampouco se trata de "um mero agregado de indivíduos, ou um todo indiferenciado e disforme" (NUNES, 2013). Tal visão extremada, polarizante e dicotômica, o tudo ou nada, parece perder de vista os laços intermédios em que esses múltiplos fios, múltiplas reivindicações, se cruzam. A organização rizomática apresenta princípios de conexão e de heterogeneidade, onde "qualquer ponto de um rizoma pode ser conectado a qualquer outro e deve sê-lo. É muito diferente da árvore ou da raiz que fixam um ponto, uma ordem" (DELEUZE & GUATTARI, 1995, p. 15). Desse modo, o que encontramos nas manifestações ocorridas não se trata de uma ausência de unidade ou excesso de pluralidade.

> Nem uma coisa nem outra, esta massa possui diferenciação interna: se a pensamos como uma rede, esta tem zonas mais densas e organizadas, de conexões, afinidades e identidades, algumas delas preexistentes aos protestos (Comitês da Copa, Movimento Passe Livre...). E esta diferenciação é contínua: indivíduos e zonas que os agrupam estão em movimento e transformação, ganhando ou perdendo conexões, mudando de identidade e tamanho, gravitando para perto ou longe de outras zonas. [...] À medida que a onda crescia, eles não se dissolviam no interior do movimento, que se mantinha internamente diferenciado; pelo contrário, tendiam a crescer, agregando mais conexões e nós (NUNES, 2013).

A força de resistência desse movimento emerge dentre a multidão, ou seja, constitui-se como um "movimento de massa sem organizações de massa" (NUNES, 2013), formando emaranhados complexos de relações de resistência, (re)apropriação de espaços e de (re)invenção de práticas políticas e culturais. A falta de uma *organização de massa* ou de uma *liderança proeminente* é entendida pelos críticos como uma "falha estrutural". O argumento de tal crítica é que apenas uma estrutura formal de liderança, como as encontradas no meio empresarial, seria capaz de sustentar um movimento massivo e de formar uma vontade coletiva. Segundo Nunes (2013), esse pensamento afirma que "na ausência destas organizações, há apenas ou uma multidão de átomos, ou uma turba disforme, facilmente manipulável". No entanto, ao invés de "sem líderes", tais movimentos formam internamente uma "liderança distribuída", contínua e espontânea, capaz de movimentar produções e resistências por meio de laços próximos e fortes.

Ao romper com a instituição de papéis como o de liderança, o movimento deixa aberto um território fecundo para a criação de novas conexões, ideias e iniciativas que podem partir de qualquer grupo ou indivíduo a todo instante. Ou seja, o movimento territorializa zonas de intensidade contínua, que incorporam a latência das potências criativas e interventivas em todas as suas dimensões. "Nestas condições, 'direção' não é nem um título vitalício que se adquire por lutas passadas, nem uma propriedade mágica que adere a estruturas formais; é apenas o nome que descreve quem se demonstra, na prática, capaz de direcionar o curso do movimento em um momento dado" (NUNES, 2013).

Movimentos sociais de massa são ondulações intensas que manifestam o limite das relações de poder. Quando passa uma grande onda, os corpos continuam vibráteis em uma latência eminente ao que se tinha antes dessa passagem. Um momento de grande intensidade e força converte a potência latente dos corpos em intervenções efetivas, e ao intervir no mundo esses corpos sentem a sua potência de vir a ser, existir, acontecer e praticar-se. "Mesmo que não vejamos mais marchas de um milhão de pessoas, criou-se um sistema-rede muito mais denso e extenso que antes, o que significa que o potencial de contágio e a capacidade latente de mobilização são muito maiores agora que há alguns meses" (NUNES, 2013).

Se voltarmos os nossos olhos para a história dos movimentos sociais veremos exemplos importantes de Contracultura na Europa e América do Norte: Romantismo (1790-1840), Bohemianismo (1850-1910), Geração Beatnik (1944-1964) e a Contracultura Hippie (1964-1974) (SHEA, 1973). No Brasil, um movimento de Contracultura particular foi o Tropicalismo. Os movimentos de Contracultura podem ser definidos como resistências à cultura de massa e seus padrões culturais, ou como um ativismo que visa se (re)apropriar de espaços de criação e expressão que lhe foram destituídos. Nesse contexto, a mídia e a arte foram simultaneamente alvo e instrumento de resistência, visto que são veículos de produção e disseminação de discursos que ajudam a compor e decompor padrões culturais.

2 As mídias alternativas e periféricas

O ativismo midiático, que ganhou maior ressonância em meio às movimentações de junho de 2013, utiliza-se de jornalismo, mídias e artes como meio de abrir rachaduras no tecido social enrijecido para que os seus discursos e posições tenham lugar na esfera pública. Desse modo, a mídia alternativa consolida-se "como espaço autônomo de reflexão e ação tática de apropriação tecnológica" (DaCOSTA, 2008, p. 10), que contribui com a ressignificação das relações entre periferia social e produção de discursos e práticas políticas e culturais. Assim, complexificam o campo de informação à medida que produzem discursos outros, que colaboram com a ampliação do horizonte questionador e reflexivo dos seres humanos, colocando-os em contato com "uma vida maior e mais variada" (COOLEY, apud DEFLEUR & BALL-ROCKEACH, 1993, p. 40).

As mídias alternativas são capazes de dar visibilidade e ressonância às demandas sociais. Elas constituem-se como uma categoria analítica que encerram "metodologias, discursos e influências filosóficas mobilizadas com o objetivo de criar arenas públicas para a expressão de subjetividades, veicular informações jornalísticas não comerciais e gerar críticas a monopólios de conhecimento e bens simbólicos" (DaCOSTA, 2008, p. 1-2). Nesse sentido, para Habermas:

> o debate das demandas da periferia no circo central da vida política pública não somente é possível como pode influenciar a agenda dos meios de comunicação de massa e da deliberação do poder. As circunstâncias que permitem isso são as crises das estruturas da esfera pública. Para Habermas, esses momentos de crise abrem fendas que permitem o envio das demandas das periferias e sua influência na agenda dos meios de comunicação de massa e do debate nas instâncias institucionalizadas. A crise põe em questão os fundamentos normativos da sociedade e as esferas públicas podem se aproveitar disso para fazerem suas vozes serem ouvidas (DaCOSTA, 2008, p. 3).

Essa territorialização que fragmenta a sociedade em lugares sociais categorizados hierarquicamente promove o silenciamento das falas suburbanas e sua relativa anulação política (OLIVEIRA, 2000). Em contrapartida, o ativismo midiático que se forma nesses subúrbios revigora "os mecanismos, experiências e questões de reapropriação, afirmação de identidades e produção social" (DaCOSTA, 2008, p. 12). Podemos afirmar, portanto, de acordo com o conceito de *agenciamento coletivo de enunciação* formulado por Guattari (1985), que temos agenciamentos coletivos que são ao mesmo tempo, "sujeito, objeto e expressão".

> [São] Produção de sentido. [...] são processos descentrados que implicam funcionamento de máquinas de expressão que podem ser tanto de natureza extrapessoal e extraindividual [[...] sistemas econômicos, sociais, tecnológicos, de mídia, enfim sistemas que não são mais imediatamente antropológicos] [...] quanto de natureza infra-humana [sistemas de sensibilidade, de imagens, de afeto, [...] de valor, sistemas corporais, orgânicos, fisiológicos [...]].(GUATTARI & ROLNIK, 1986, p. 31).

Reconhecendo a capacidade dos discursos produzidos por essas mídias alternativas/periféricas de construir outras visões "da sociedade democrática e das limitações atuais da ordem estabelecida da produção social" (DaCOSTA, 2008, p. 11), acreditamos que quanto mais agentes públicos puderem se fazer ouvir, mais democrática será a esfera pública no âmbito da liberdade de expressão. "É assim que se constroem democracias, [permitindo-se] o afloramento de novas vozes" (NASSIF, 2013). Contudo, para que se constitua uma efetiva democratização dos meios midiáticos, "as contestações sobre a forma hegemônica atual de produção e fruição de informação, conhecimento e cultura não devem ser vistas como categorias menores das ações coletivas. Elas constituem esforços para redefinir o significado e os limites da própria política" (DaCOSTA, 2008, p. 11).

No Brasil, o coletivo que se autodenomina como "Mídia Ninja" (sigla para "Narrativas Independentes, Jornalismo e Ação") ganhou visibilidade ao acompanhar no corpo a corpo as recentes manifestações no país. Esse coletivo surgiu há cerca de dez anos como uma das iniciativas incubadas por um outro coletivo, o "Fora do eixo". A "Mídia Ninja" engaja-se em um ativismo sociopolítico através de transmissões, via internet, de conteúdos brutos de vídeo, em tempo real.

Contudo, os *ninjas* não são os únicos a se organizar coletivamente como mídia alternativa. Existe um vasto conteúdo de mídia alternativa distribuída na blogosfera (*Outras Palavras, Advivo, Viomundo, Corversa Afiada, Carta Capital,* entre outros). Além disso, existem rádios livres, a rede conhecida como *MetaReciclagem* e o Centro de Mídia Independente (CMI) ensejam "dar voz a quem não tem, constituindo uma alternativa consistente à mídia empresarial que frequentemente distorce fatos e apresenta interpretações de acordo com os interesses das elites econômicas, sociais e culturais", como declarado na carta de princípios do CMI (s.d.).

3 Considerações finais – A relação do corpo com a produção do conhecimento

> *As ruas, as de paralelepípedos e as de bytes, foram tomadas nas últimas semanas por um debate que opôs o que se tem chamado de "mídia tradicional" ou "grande mídia" a esta que se apresenta como "Mídia Ninja" (Narrativas Independentes, Jornalismo e Ação). Em especial a partir do momento em que ficou clara a ligação entre o coletivo Fora do Eixo e a Mídia Ninja. [...] É importante conhecer o Fora do Eixo e pensar a Mídia Ninja em toda sua complexidade e com todas suas contradições. Mas também é igualmente importante escapar de uma luta colocada em termos do bem contra o mal, que parece ter se imposto de parte a parte em alguns espaços, porque é nesse maniqueísmo que a complexidade se esvai. O maniqueísmo funciona como silenciador de sentidos, ao virar uma armadilha que nos desvia de um caminho mais*

> *penoso e menos imediato, povoado por dúvidas,*
> *em que cada um precisa confrontar seus próprios*
> *dogmas e assumir a tarefa, sempre trabalhosa e*
> *cheia de percalços, de construir conhecimento.*
> *Em momentos tão ricos como o que vivemos hoje,*
> *ganhamos possibilidades se formos capazes de*
> *ampliar e complicar as perguntas, em vez*
> *de encontrar respostas rápidas e fechadas que as*
> *matem antes de nascer.*
>
> Eliane Brum, 2013.

Em junho de 2013, o Brasil viveu um momento de ebulição política e social, que levou milhares de pessoas às ruas. Neste momento, também ganham visibilidade as mídias alternativas e periféricas, fundadas e mantidas por iniciativas fora do circuito das Grandes Mídias. Mesmo durante as manifestações e, inclusive em seu aparente resfriamento, o papel da mídia passou a ser questionado em vários âmbitos da sociedade. Essas mídias alternativas deram voz para o que é historicamente silenciado, complexificando a informação e entregando ao público um jornalismo bruto, diferentemente do que acontece na simplificação proporcionada pela edição que visa o "showrnalismo". Dessa forma, essas mídias alternativas tornam-se potenciais articuladoras de uma subjetividade flexível, engajada e democrática. Estes acontecimentos trazem múltiplas questões que comportam múltiplas respostas e análises.

Neste trabalho, longe de pretender uma análise exaustiva destes acontecimentos, partimos de uma breve cartografia das mídias alternativas e seguimos o trajeto que sua produção pode produzir no campo social. Fazemos uma breve problematização da chamada Grande Mídia e seus modos de operar a hegemonia da informação ligada aos interesses políticos e econômicos. Mais especificamente, alinhavamos alguns pontos onde Psicologia e Política tem intersecção para, nos recortes que se traçam nos corpos, ir delineando as linhas que promovem os sobressaltos e transformações no indivíduo e no campo social. Partimos da questão, que para nós sobressai, de como a mídia alternativa, com seus poucos recursos tecnológicos e questionável qualidade técnica, pode promover abalos significativos no campo informacional e, consequentemente, social. Tomamos os dispositivos da não edição e possibilidade de intervenção não afiliada em tempo real, para evocarmos a participação político-social de parcelas da sociedade, antes invisíveis, nos movimentos de massa. Desloca-se, então, a análise para as afecções que cada indivíduo passa a experimentar a partir destes investimentos sociais. É a própria dimensão das relações humanas e as micropolíticas dos encontros que se encontram problematizadas a partir da ocupação das ruas.

Assim, o que discutimos ao longo deste texto vai deixando claro que a explosão dos movimentos das ruas, a visibilidade das mídias alternativas e os outros ângulos que são trazidos como informação, nos convocam a pensar em muitas direções, à própria produção do conhecimento, à história sendo escrita sob nossos olhos ou lentes, com nossa participação virtual.

Os dados transmitidos pela Grande Mídia ou veiculados nos meios escritos ou eletrônicos dos grandes portais são editados e sofrem cortes que obedecem a princípios rígidos e interessados num certo modelo político. Simplificar o dado para torná-lo palatável – o que não significa que não seja indigesto – é torná-lo fácil e rapidamente consumível. Assim, um dado mediado por uma edição intencionada já recebeu, no corte de suas arestas e desvios, toda a dose de ideologia que lhe permite ser recebido e tomado sem pensar, uma vez que já tenha galgado o estatuto de verdade. É recortado pelo senso comum e por palavras de ordem, superficializado em análises de especialistas que desoneram o espectador da incômoda e inquietante relação com os inúmeros não saberes que se multiplicam em cenas complexas. O tratamento constante aplicado aos dados tem efeito anestésico nos corpos que afeta, deixando-os insensíveis às manifestações do tecido social do qual fazem parte. Para conectar estas forças, que são amortecidas por estes mecanismos, são oferecidos entretenimentos controlados, dados em doses maciças até a exaustão do superficial, supérfluo, viciante e repetitivo.

Além disso, a passagem rápida entre os assuntos, a velocidade e quantidade de informações, fazem equivaler todos os níveis de importância do dado informacional, onde o casamento ou divórcio de uma celebridade instantânea, um feito esportivo mais banal ou uma curiosidade do mundo animal, toma o mesmo espaço-tempo e importância no noticiário que um roubo por miséria, uma ação policial numa favela, uma morte ocorrida pelo tráfico ou um genocídio que mata centenas. Esta clivagem na quantidade de informação *versus* seu valor social ou importância pública, tem ainda o efeito de nos tornar sempre atrasados, desatualizados, frágeis, faltantes. Há sempre uma última notícia que não foi vista; um mais novo aparato tecnológico que nos joga, ainda mais, na obsolescência; mais um perigo à espreita nas ruas – que nos ameaça de perdermos o pouco que conseguimos ter; então, ficamos com o estranho sentimento que não somos capazes, de modo algum, de nos sentirmos inseridos, atuantes e participantes dos acontecimentos mais importantes do mundo. De uma vez por todas, alijados da produção da realidade. Os corpos assim separados de sua potência, prostram-se e desistem de qualquer ação no mundo, pois, seja qual for a direção, os sentidos já estão dados, as decisões já tomadas.

O modo como os dados brutos são transmitidos pela mídia alternativa torna esta uma de suas características: várias horas de transmissão ao vivo, sem qualquer edição, com várias perspectivas de acompanhamento. Mais do que delatar a precariedade dos meios tecnológicos, estas transmissões revelam sentidos plurais. Deste modo, a enorme quantidade de dados transmitidos – fenômeno chamado de "massa de mídias" pelos membros da Mídia Ninja – complexifica de modo inequívoco o "acontecimento", não permitindo aos espectadores qualquer edição simplista, julgamento apressado ou certeza duradoura.

O "dado bruto" torna-se o dispositivo que se relaciona diretamente com o corpo de um espectador ativo e suas afecções, que é tomado por uma "edição" singular e própria. É conectado a um "agenciamento coletivo de enunciação" (GUATTARI, 1985), em tempo real, ao vivo. Viva, também, torna-se sua participação, ação e invenção. "Como supor que tal movimentação não reata a multidão com sua capacidade de sondar possibilidades? É um fenômeno de vidência coletiva – enxerga-se o que antes parecia opaco ou impossível" (PELBART, 2013). Está colocada a possibilidade de criar outras lógicas para além do que é naturalizado como possível.

Os diversos ângulos e temporalidades transmitidos pelos "jornalistas ninjas" são também princípios ativos nesta complexificação. "Perspectivismo", como Foucault designa, é este modo onde coexistem várias perspectivas sobre um acontecimento. Refere o lugar que o corpo ocupa no mundo e sua relação com as outras perspectivas. É o efeito desta ocupação e o modo como esta se dá. Designa desde que campo aquele olhar se torna possível, ao mesmo tempo em que delata os pontos cegos e as vicissitudes desta ocupação.

É um olhar "[...] que olha de um determinado ângulo, com o propósito deliberado de apreciar. [...] Em vez de fingir um discreto aniquilamento diante do que olha, em vez de aí procurar a sua lei e a isto submeter cada um de seus movimentos, é um olhar que sabe tanto onde olha quanto o que olha" (FOUCAULT, 2000, p. 30). Através do Saber Perspectivo, o conhecimento criado se abre, expandindo os horizontes de percepção para os vários olhares que comporta um determinado campo. Abre-se uma perspectiva especial para outro ordenamento dos sentidos, outra atribuição de valores a fatos e afetos que, antes, não tinham visibilidade. A perspectiva em que se encontra agora pode requerer outro regime de sensibilidade para atribuir valores e, portanto, lugares e sentidos à experiência.

A interação coletiva possibilitada pela internet compõe com este perspectivismo, complexificando os já vastos dados que são transmitidos, pois o espectador ativo de certo ângulo, contracena, em tempo real, com o jornalista. É protagonista de sua história, balizado em sua sensibilidade, tendo a parceria de outros que alargam sua participação e são extensivos de suas afetações. Sem necessidade de filiação formal, a participação no acontecimento é política, pois se trata de um investimento no campo social, que pode ser transformador da realidade. Produz-se, então, uma ocupação qualificada por sua força coletiva, onde antes havia um *locus* desinvestido e tomado por fluxos de múltiplas qualidades, ao sabor do acaso.

Há ainda, neste movimento de ocupação das ruas, a estratégia da "multidão" como potência do falso, onde o protagonismo não é individualizante nem heroico, mas só acontece e faz sentido porque se dá no nível do acontecimento. O indivíduo narcisisticamente exaltado por qualidades que são salientadas como pessoais, raras e especiais pela Grande Mídia desaparece em favor do homem comum, não identificado, mas parte ativa do que acontece e sem o qual nada pode acontecer. Não para esconder uma identidade nomeada e sobrecodificada pelo Estado, mas para compor com um movimento que dispensa números e nomes, mas requer horizontalidade e implicação. A descentralização dos poderes e as múltiplas lideranças evocam a transversalidade presentificada no movimento de "fazer com".

Acompanhamos, então, a passagem de um campo antes editado, simplificado e maniqueísta para um campo complexo, incerto e plural de dados. A criação de um comum – porque acessível a todos e por todos composto e ativado – heterogêneo e multifacetado, em uma criação de saberes parciais e irredutíveis: um tecido social esburacado e irregular, que não se pretende unificado nem unívoco, mas faz de suas irregularidades a característica e força que faz vingar outras vozes. É um investimento e uma aposta na capacidade que pode ser ativada em cada corpo, de processar os acontecimentos, criar e gerir modos de lidar com ele, produzindo outros modos de expressão no mundo.

O que se põe em movimento é o próprio corpo investido de sua capacidade de alteração dos acontecimentos, pois sua possibilidade de intervenção está agenciada. Não sendo poupado das imagens a que está exposto, é parte do acontecimento e dele participa em sua potência ativa. As arestas do dado bruto criam outros nós que não apenas aqueles ressaltados e articulados pelos interesses hegemônicos. As imagens e movimentos "não facilmente palatáveis" com as quais se entra em contato e relação de afecção promovem outros trajetos afetivos no corpo, onde somos obrigados a nos deter e forçados a começar a pensar. Segundo Deleuze (1987, p. 15) só pensamos porque somos obrigados, porque algo nos tira de um lugar habitual e já dado no mundo (perspectiva) desestabilizando nossos modos de ser e estar no mundo, nossa subjetividade (ROLNIK, 1993). Uma violência ao nosso "usual". Assim, é por necessidade e improvisação que passamos a criar outros modos de ajustar este novo que se apresenta na composição de nossos modos de viver. E, é deste constante movimento, que são produzidas as saídas, sempre coletivas e políticas para as questões contemporâneas.

Referências

ARBEX JR., J. (2001). *Showrnalismo*: a notícia como espetáculo. 2. ed. São Paulo: Casa Amarela.

BRUM, E. (2013). Heróis e vilões não cabem na reportagem. *Revista Época* [Disponível em epoca.globo.com/colunas-e-blogs/eliane-brum/noticia/2013/08/bheroisb-e-bviloesb-nao-cabem-na-reportagem.html – Acesso em 24/08/2013].

CMI (Centro de Mídia Independente) (s.d.) [Disponível em https://docs.indymedia.org/pub/Local/CmiSaoPaulo/manual_novxs_voluntarixs_cmi.pdf – Acesso em 24/08/2013].

COSTA, B. & COLON, L. (2012). TV lidera recebimento de publicidade federal. In: *Folha de S. Paulo* – Caderno principal, ano 92, n. 30.479, 13/09, p. A10.

DaCOSTA JR., L.C.P. (2008). O ativismo midiático no Brasil: definição e uma proposta de análise. *Brazilian Studies Association (Brasa)* – IX Congresso Internacional [Disponível em www.brasa.org/Documents/BRASA_IX/Luiz-Carlos-Pinto-da-Costa-Junior.pdf – Acesso em 22/08/2013].

DAGNINO, E. (2000). Cultura, cidadania e democracia: A transformação dos discursos e práticas na esquerda latino-americana. In: ALVAREZ, S.; DAGNINO, E. & ESCOBAR, A. (orgs.). *Cultura e política nos movimentos sociais latino-americanos*. Belo Horizonte: UFMG.

DEBORD, G. (1991). *A sociedade do espetáculo* – Comentários sobre a sociedade do espetáculo. Lisboa: Mobilis in Mobile.

DEFLEUR, M.L. & BALL-ROCKEACH, S. (1993). *Teorias da comunicação de massa*. Rio de Janeiro: Zahar.

DELEUZE, G. (1987). *Proust e os signos*. Rio de Janeiro: GEN/Forense Universitária.

DELEUZE, G. & GUATTARI, F. (1995). *Mil platôs* – Capitalismo e esquizofrenia. Vol. 1. Rio de janeiro: Ed. 34.

FOUCAULT, M. (2000). *Microfísica do poder*. 15. ed. Rio de Janeiro: Graal.

GUATTARI, F. (1985). *Revolução molecular* – Pulsações políticas do desejo. 2. ed. São Paulo: Brasiliense.

GUATTARI, F. & ROLNIK, S. (1986). *Micropolítica* – Cartografias do desejo. Petrópolis: Vozes.

HUXLEY, A. (1987). *Regresso ao admirável mundo novo*. São Paulo: Círculo do Livro.

NASSIF, L. (2013). *A desconstrução das casas fora do eixo* [Disponível em www.advivo.com.br/blog/luisnassif/a-desconstrucao-das-casas-fora-do-eixo – Acesso em 22/08/2013].

NUNES, R.G. (2013). A organização dos sem organização – Oito conceitos para pensar o "inverno brasileiro". *Le Monde Diplomatique Brasil*, 12/08 [Disponível em http://www.diplomatique.org.br/acervo.php?id=3036 – Acesso em 20/08/2013].

OLIVEIRA, D. (2012). Comunicação política, poder e controle social. *VII Simpósio Brasileiro de Psicologia Política* – Memória política, movimentos sociais, educação e esfera pública. São Francisco de Paula: Uergs, nov./2012 [Anais].

OLIVEIRA, F. (2000). Privatização do público, destituição da fala e anulação da política: o totalitarismo neoliberal. In: PAOLI, M.C. & OLIVEIRA, F. (orgs.). *Os sentidos da democracia*: políticas do dissenso e hegemonia global. Petrópolis: Vozes.

PELBART, P.P. (2013). Anota aí: eu sou ninguém. *Folha de S. Paulo* [Disponível em http://www1.folha.uol.com.br/opiniao/2013/07/1313378-peter-pal-pelbart-anota-ai-eu-sou-ninguem.shtml – Acesso em 20/08/2013].

ROLNIK, S.B. (1993). Pensamento, corpo e devir – Uma perspectiva ético/estético/política no trabalho acadêmico. *Cadernos de Subjetividade*, 1 (2), p. 241-251.

SHEA, F.X. (1973). Reason and the Religion of the Counter-Culture. *Harvard Theological Review*, vol. 66/1 [Disponível em www.jstor.org/stable/1509351 – Acesso em 22/08/2013].

Os autores e organizadores

Organizadores

Domenico Uhng Hur

Psicólogo, mestre e doutor em Psicologia Social pelo Instituto de Psicologia da Universidade de São Paulo (USP), com estágio doutoral na Universitat Autònoma de Barcelona/Catalunya. Professor-adjunto da graduação e do Programa de Pós-Graduação em Psicologia da Universidade Federal de Goiás (UFG). Membro do Crise: Núcleo de Estudos e Pesquisas (Crítica, Insurgência, Subjetividade e Emancipação). Editor de publicações científicas da Associação Ibero-Latinoamericana de Psicologia Política (gestão 2016-2018). Temas de interesse: Esquizoanálise, Análise Institucional, Psicologia Política, Grupos e Instituições.

Fernando Lacerda Júnior

Graduado e doutor em Psicologia pela Pontifícia Universidade Católica (PUC) de Campinas. Professor-adjunto da graduação e do Programa de Pós-Graduação em Psicologia da Universidade Federal de Goiás (UFG). Membro do Crise. Coordenador do Programa de Pós-Graduação em Psicologia da UFG. Presidente da Associação Brasileira de Psicologia Política (2015-2016).

Autores

Alessandro Soares da Silva

Licenciado em Filosofia, mestre e doutor em Psicologia Social pela Pontifícia Universidade Católica de São Paulo. Professor da Escola de Artes, Ciências e Humanidades da Universidade de São Paulo, na área de Psicologia Política, Políticas Públicas e Multiculturalismo no bacharelado em Gestão de Políticas Públicas. Livre-docente em Economia, Gestão e Políticas Públicas na especialidade de Sociedade, Multiculturalismo e Direitos. Fez pós-doutorado em Psicologia pela Universidade de Santiago de Compostela. Editor da *Revista Psicologia Política*, lidera o grupo de Estudos e Pesquisa em Psicologia Política, Políticas Públicas e Multiculturalismo da USP. Membro e fundador da Associação Brasileira de Psicologia Política. Fundador e Vice-presidente da Associação Ibero-Latinoamericana de Psicologia Política (gestão 2016-2018). Autor dos livros: *Luta, resistência e cidadania – Uma análise psicopolítica dos movimentos e paradas LGBT* e de (*e-book*) *Psicologia Política: debates e embates*.

David Pavón-Cuéllar

Professor da Universidade Michoacana de San Nicolás de Hidalgo, Morelia, México. Membro do Sistema Nacional de Investigadores de México. Doutor em Filosofia pela Universidade de Rouen (França) e doutor em Psicologia pela Universidade de Santiago de Compostela, Espanha. Diretor do periódico *Teoría y Crítica de la Psicología* e editor-associado do periódico *Psychotherapy & Politics International*. Entre suas últimas publicações destacam-se os livros: *Lacan, Discourse, Event: New Psychoanalytical Approaches to Textual Indeterminacy* (com Ian Parker. Londres: Routledge, 2014) e *Elementos políticos de marxismo lacaniano* (México: Paradiso, 2014).

Douglas Alves Viana
Graduado em Psicologia pela UFG.

Elio Rodolfo Parisí
Licenciado e doutor em Psicologia. Professor titular de Psicologia Política e de Psicologia Social da Faculdade de Psicologia da Universidade Nacional de San Luís, Argentina. Diretor do Projeto

de Pesquisa "Psicologia Política". Fundador, editor e diretor da *Revista Electrónica de Psicología Política* [www.psicopol.unsl.edu.ar]. Autor e coautor de 8 livros e de 51 publicações científicas.

Gabriel Mendonça Silveira

Graduado em Psicologia pela UFG e mestrando do Programa de Pós-Graduação em Psicologia da Pontifícia Universidade Católica de Campinas.

Gervásio de Araújo Marques da Silva

Graduado em Psicologia pela UFG e mestrando do Programa de Pós-Graduação em Psicologia Social da Universidade do Estado do Rio de Janeiro.

Ilana Lemos de Paiva

Psicóloga, mestre e doutora pela Universidade Federal do Rio Grande do Norte (UFRN), com estágio doutoral na *Universidad Autónoma de Madrid*. Professora-adjunta do Departamento de Psicologia da UFRN.

Isabel Maria Farias Fernandes de Oliveira

Psicóloga pela Universidade Federal do Rio Grande do Norte (UFRN), mestre e doutora em Psicologia Clínica pela Universidade de São Paulo. Professora e pesquisadora-associada do Departamento de Psicologia da UFRN e do Programa de Pós-Graduação em Psicologia da UFRN.

Jáder Ferreira Leite

Psicólogo pela Universidade Estadual da Paraíba (UEPB), mestre em Psicologia pela Universidade Federal do Rio Grande do Norte (UFRN) e doutor em Psicologia social pela UFRN. Professor-adjunto do Departamento de Psicologia e do Programa de Pós-graduação em Psicologia da UFRN. Principais temas e áreas de interesse: Relações de gênero, Movimentos sociais e produção de subjetividade, Psicologia comunitária e contextos rurais.

Jéssica Enara Vian

Psicóloga pela Unesp/Assis, com período de intercâmbio na Université Lille 3 – Sciences Humaines, Lettres et Arts. França. Membro dos grupos de pesquisa–CNPq "Deleuze/Guattari e Foucault, elos e ressonâncias" e "Problemas filosóficos e históricos da Psicologia". Membro do conselho diretor do "Glasgow Esol Fórum" (Escócia), promovendo a integração, empregabilidade e desenvolvimento pessoal de refugiados e outras minorias.

Jonathan Ribeiro Brandão da Silva

Graduando em Psicologia pela Unesp/Assis. Participa dos projetos de estágio e extensão: Atendimento psicológico na perspectiva da Filosofia da Diferença e Ações educativas em Psicologia Social: uma forma crítica de promover a saúde social em grupos educativos. Programa Nacional de Inclusão de Jovens (Projovem).

José Manuel Sabucedo

Catedrático de Psicologia Social da Universidade de Santiago de Compostela – USC, Galícia, Espanha. Foi membro do Conselho da Direção da International Society of Political Psychology. É presidente da Sociedade Científica Espanhola de Psicologia Social e editor do *International Journal of Social Psychology*/Revista de Psicologia Social. Suas principais áreas de pesquisa são a Psicologia Social e a Psicologia Política. Tem mais de 150 publicações científicas, entre artigos, livros e capítulos de livros. Muitos desses trabalhos foram realizados em colaboração com colegas de outros países: Argentina, Colômbia, Holanda, Suécia, Inglaterra, França etc. Alguns de seus livros mais destacados, como autor ou coeditor, são: *Psicología Política* (1996), *Medios de comunicación de masas y conducta política* (1997), *Psicología y derechos humanos* (2004), *Do descontento a acción* (2004), *Études et chantiers de Psychologie Politique* (2006); *Los escenarios de la violencia* (2007), *Psicología Social* (2015).

Karina Oliveira Martins

Graduanda em Psicologia pela UFG e bolsista Pibic/CNPq.

Larissa Rodrigues Moreira
Graduada em Psicologia pela UFG.

Lenise Santana Borges
Doutora em Psicologia Social pela Pontifícia Universidade Católica de São Paulo (PUC-SP, 2008), é professora-adjunta do Curso de Psicologia na PUC-GO, atuando na graduação e na pós-graduação (PSSP). Atualmente integra o Núcleo de Estudos e Pesquisas Psicossociais (Nepsi), coordenando o grupo de estudos e pesquisas "Construção de Fatos Sociais". Também atua na extensão junto à equipe do Programa Interdisciplinar da Mulher (Pimep). É cofundadora do Grupo Transas do Corpo, organização feminista, desde 1987. Coordena a Rede de pesquisas da Fapeg: "Sexualidade, Gêneros e Intersecções" e integra o grupo de estudos "Gênero e Psicologia", da Anpepp.

Magda Dimenstein
Professora titular do Departamento de Psicologia da Universidade Federal do Rio Grande do Norte (UFRN). Membro do Programa de Pós-Graduação em Psicologia da UFRN. Doutorado em Ciências da Saúde pelo Ipub/UFRJ e pós-doutorado em Saúde Mental pela Universidad Alcalá de Henares, Espanha. Bolsista de Produtividade em Pesquisa do CNPq – Nível 1. Principais temas e áreas de interesse: Saúde mental e Atenção primária.

Marco Aurélio Máximo Prado
Graduado em Psicologia, mestre e doutor em Psicologia Social pela Pontifícia Universidade Católica de São Paulo e pós-doutorando na University of Massachusetts/Amherst, pela Fundação Fulbright. Realizou estágios internacionais como pesquisador na City University of New York, na Universidade de Coimbra e na Universidad Nacional de San Luís. Professor-associado III da Universidade Federal de Minas Gerais.

Marília Aparecida Muylaert

Mestra em Psicologia Social e doutora em Psicologia Clínica pela PUC-SP. Professora e pesquisadora do Departamento de Psicologia Clínica do Curso de Psicologia da Universidade Estadual Paulista Júlio de Mesquita Filho – Unesp/Assis (Grupos de Pesquisa: acompanhamento terapêutico e Deleuze/Guattari e Foucault: elos e ressonâncias). Supervisora do Centro de Pesquisa e Psicologia Aplicada "Betty Katzseinstein", da Unesp/Assis. Analista institucional, esquizoanalista, supervisora clínica, desde 1989. Áreas de atuação: grupos e instituições, hospital geral, penitenciária, saúde mental e Programa Nacional de Humanização do SUS. Autora do livro *Corpoafecto: o psicólogo no hospital geral* (3. ed. São Paulo: Escuta, 2011).

Mónica Alzate

Doutora em Psicologia Social pela Universidade de Santiago de Compostela. Sua principal linha de pesquisa se dirige ao estudo da violência sociopolítica, a proposição de alternativas para a transformação construtiva dos conflitos e a reconciliação social. Atualmente é docente e pesquisadora da Fundação Universitária Luis Amigó, na cidade de Medellín, Colômbia.

Nayara Ruben Calaça di Menezes

Graduanda em Psicologia pela UFG e bolsista Pibic/CNPq.

Salvador Antonio Mireles Sandoval

Graduado e mestre em Ciência Política – University of Texas at El Paso. Mestre e doutor em Ciência Política – The University of Michigan. Professor da Pontifícia Universidade Católica de São Paulo – PUC-SP, Programa de Pós-Graduação em Psicologia Social, e da Universidade Estadual de Campinas – Unicamp. Realizou pós-doutorado no Center for the Study of Social Change, New School for Social Research, e é pesquisador-convidado no David Rockefeller Center for Latin American Studies, Harvard University como J.P. Lemann Visiting Scholar. Ex-presidente da Associação Brasileira de Psicologia Social – Abrapso, sociofundador e presidente da Associação Brasileira de Psicologia Política – ABPP e fundador da *Revista Psicologia Política*. Professor-visitante em Concordia University. Montreal/Canadá. Membro-fundador da Associação Ibero-Latinoamericana de Psicologia Política.

Tanieli de Moraes Guimarães Silva

Graduada em Psicologia e mestra em Antropologia Social pela UFG.

Thales Cavalcanti e Castro

Psicólogo do Centro de Ensino e Pesquisa Aplicada à Educação (Cepae/UFG), graduado e mestre em Psicologia pela UFG.

Verônica Morais Ximenes

Professora do Programa de Pós-Graduação em Psicologia e do Departamento de Psicologia da Universidade Federal do Ceará. Doutorado em Psicologia – Universidade de Barcelona e pós-doutorado em Psicologia – UFRGS. Bolsista de produtividade em Pesquisa do CNPq – Nível 2. Coordenadora do Núcleo de Psicologia Comunitária (Nucom/UFC). Principais temas e áreas de interesse: psicologia comunitária, pobreza, saúde comunitária e políticas públicas.

Índice

Sumário, 5

Prefácio, 7
   Elio Rodolfo Parisí

Apresentação – Psicologia Política e as "novas" lutas sociais, 11
   Domenico Uhng Hur e Fernando Lacerda Júnior
   Referências, 21

Parte I – Psicologia Política e movimentos sociais, 23

1 O modelo de análise da consciência política como contribuição para a Psicologia Política dos Movimentos Sociais, 25
   Salvador A.M. Sandoval e Alessandro Soares da Silva
   1 Primeiras articulações teóricas, 26
   2 Da crítica às diferentes teorias à proposição do modelo, 32
   3 O modelo analítico para o estudo da consciência política, 34
   4 A reformulação do modelo de consciência política à luz das emoções, 45
   5 Considerações finais, 49
   Referências, 52

2 A dissipação da política no campo de estudos dos movimentos sociais, 58
   Marco Aurélio Máximo Prado
   Referências, 71

3 Para além do comportamento agressivo – Luta guerrilheira e determinação estrutural-institucional da violência no discurso do Exército Popular Revolucionário (EPR) do México, 74
David Pavón-Cuéllar

1 A guerrilha no México, 75

2 O Exército Popular Revolucionário, 77

3 A violência no discurso do EPR: o estrutural, o institucional e o insurrecional, 78

4 A psicologia eperrista da violência: posições pessoais e determinações impessoais, 82

5 Psicólogos e eperristas diante da violência, 83

6 Crítica da psicologia dominante à luz da concepção eperrista da violência, 88

7 Conclusão, 89

Referências, 91

4 Criminalização dos movimentos sociais do campo – Algumas reflexões a partir do MST, 93
Jáder Ferreira Leite, Magda Dimenstein e Verônica Morais Ximenes

1 Algumas histórias de luta e repressão no campo brasileiro, 94

2 O MST e a criminalização de suas lutas, 97

3 Sujeitos políticos e transformação social, 101

Referências, 104

5 As políticas da afetividade na Parada LGBT de Goiânia, 106
Domenico Uhng Hur, Thales Cavalcanti e Castro, Tanieli de Moraes Guimarães Silva, Gabriel Mendonça Silveira, Nayara Ruben Calaça di Menezes, Karina Oliveira Martins, Gervásio de Araújo Marques da Silva, Larissa Rodrigues Moreira, Douglas Alves Viana e Fernando Lacerda Jr.

1 Participantes e instrumentos, 110

2 Gênero e a Parada LGBT, 111

3 Festa e política, 114

4 Afetividade, festividade e potência, 116

5 Considerações finais, 121
Referências, 122

Parte II – A psicologia e as diversas políticas, 125

6 A "lógica" terrorista e suas consequências, 127
José Manuel Sabucedo e Mónica Alzate

   1 O que é o terrorismo?, 129
   2 A polêmica individual *versus* situacional, 130
   3 A legitimação do terrorismo, 132
   4 Consequências do terrorismo, 135
   5 O que fazer? – Algumas considerações para não cair no fatalismo, 137
   Referências, 139

7 Atuação do psicólogo no campo das políticas sociais: mudanças e permanências, 142
Isabel Fernandes de Oliveira e Ilana Lemos de Paiva

   1 Um novo cenário para a Psicologia: as políticas sociais, 144
   2 Saúde pública e assistência social: os grandes campos dos psicólogos no setor do bem-estar, 148
   3. Considerações finais, 153
   Referências, 154

8 Construções sobre "lesbianidades" na mídia televisiva: possibilidades de um discurso emancipatório?, 157
Lenise Santana Borges

   Conclusões, 168
   Referências, 169

9 Espaço público, mídias alternativas e subjetividade – A transformação que vem das ruas, 173
Marilia Aparecida Muylaert, Jéssica Enara Vian e Jonathan Ribeiro Brandão da Silva

   1 As manifestações, 178

2 As mídias alternativas e periféricas, 181

3 Considerações finais – A relação do corpo com a produção do conhecimento, 183

Referências, 189

Os autores e organizadores, 191

Manifestações de junho de 2013 no Brasil e praças dos indignados no mundo

Maria da Glória Gohn

Em junho de 2013 ocorreu em diversas capitais e em várias cidades do Brasil uma onda de manifestações populares nas ruas, praças e avenidas. Estima-se que mais de um milhão de pessoas saíram às ruas, fazendo parte de uma nova forma de movimento social composta predominantemente por jovens, escolarizados, classes médias, conectados em redes digitais, organizados horizontalmente e de forma autônoma, críticos das formas tradicionais da política.

As convocações para os atos são feitas via redes sociais e há uma estética particular nas manifestações: não desfraldam bandeiras de organizações e nem usam faixas pré-confeccionadas; usam palavras de ordem em cima da demanda foco, sem carros de som, e o batuque ou as palmas são utilizadas no percurso das marchas. Os jovens organizadores das chamadas para as manifestações atuam em coletivos e estes coletivos inspiram-se em variadas fontes, segundo o grupo de pertencimento de cada um.

Como rejeitam lideranças verticalizadas, centralizadoras, também não há hegemonia de apenas uma ideologia ou utopia. O que os motivam é um sentimento de descontentamento, desencantamento e indignação contra a conjuntura ético-política dos dirigentes e representantes civis eleitos nas estruturas de poder estatal e as prioridades selecionadas e os efeitos das políticas econômicas na sociedade.

Examinar cada uma destas manifestações, suas especificidades locais, diferenças e semelhanças, influência das redes que participam, e propostas de mudanças que anunciam é um dos objetivos desse livro que analisa, além das manifestações no Brasil, a marcha dos indignados no Oriente Médio, na Europa e nos Estados Unidos.

Psicologia comunitária
Contribuições teóricas, encontros e experiências
Claudia Stella (org.)

A Psicologia Comunitária faz parte de um desdobramento da Psicologia Social, em sua vertente crítica, e tem despertado cada vez mais o interesse de psicólogos em formação, uma vez que pode apoiar ações efetivas na luta contra as situações de desigualdade e exclusão social e na defesa de modos de atuação mais participativos e comprometidos com a transformação da realidade social.

Esse livro se propõe a ajudar na formação do psicólogo comunitário no estudo, na pesquisa e na prática do atendimento institucional tanto nas disciplinas de graduação quanto na pós-graduação na área de psicologia.

Na primeira parte apresenta alguns eixos teóricos que servem de base para a atuação do psicólogo comunitário, discutindo conceitos básicos e ideias de autores como Deleuze, Foucault, Freud, Marcuse, Berger e Luckman, Heller, Guattari, A. Negri, M. Blanchot, G. Agamben que contribuem para uma importante fundamentação e ponto de partida para a prática profissional.

Já na segunda parte apresenta experiências de pesquisas e intervenções em Psicologia Comunitária que podem subsidiar a atuação crítica de tal profissional e fornecer uma visão ampla das possibilidades de atuação em várias comunidades (índios, migrantes, situações de pobreza) com várias metodologias, contribuindo, assim, para a construção de um mosaico da diversidade, marca da Psicologia Comunitária.

EDITORA VOZES
Editorial

CULTURAL
Administração
Antropologia
Biografias
Comunicação
Dinâmicas e Jogos
Ecologia e Meio Ambiente
Educação e Pedagogia
Filosofia
História
Letras e Literatura
Obras de referência
Política
Psicologia
Saúde e Nutrição
Serviço Social e Trabalho
Sociologia

CATEQUÉTICO PASTORAL

Catequese
Geral
Crisma
Primeira Eucaristia

Pastoral
Geral
Sacramental
Familiar
Social
Ensino Religioso Escolar

TEOLÓGICO ESPIRITUAL
Biografias
Devocionários
Espiritualidade e Mística
Espiritualidade Mariana
Franciscanismo
Autoconhecimento
Liturgia
Obras de referência
Sagrada Escritura e Livros Apócrifos

Teologia
Bíblica
Histórica
Prática
Sistemática

REVISTAS
Concilium
Estudos Bíblicos
Grande Sinal
REB (Revista Eclesiástica Brasileira)
SEDOC (Serviço de Documentação)

VOZES NOBILIS
Uma linha editorial especial, com importantes autores, alto valor agregado e qualidade superior.

VOZES DE BOLSO
Obras clássicas de Ciências Humanas em formato de bolso.

PRODUTOS SAZONAIS
Folhinha do Sagrado Coração de Jesus
Calendário de mesa do Sagrado Coração de Jesus
Agenda do Sagrado Coração de Jesus
Almanaque Santo Antônio
Agendinha
Diário Vozes
Meditações para o dia a dia
Encontro diário com Deus
Guia Litúrgico

CADASTRE-SE
www.vozes.com.br

EDITORA VOZES LTDA.
Rua Frei Luís, 100 – Centro – Cep 25689-900 – Petrópolis, RJ
Tel.: (24) 2233-9000 – Fax: (24) 2231-4676 – E-mail: vendas@vozes.com.br

UNIDADES NO BRASIL: Belo Horizonte, MG – Brasília, DF – Campinas, SP – Cuiabá, MT
Curitiba, PR – Florianópolis, SC – Fortaleza, CE – Goiânia, GO – Juiz de Fora, MG
Manaus, AM – Petrópolis, RJ – Porto Alegre, RS – Recife, PE – Rio de Janeiro, RJ
Salvador, BA – São Paulo, SP